LUCIANO SUBIRÁ

REVELAÇÃO,
O CAMINHO PARA A
REALIZAÇÃO

**DESCUBRA QUEM
VOCÊ É E POTENCIALIZE
SEUS RESULTADOS**

Editora Quatro Ventos
Rua Liberato Carvalho Leite, 86
(11) 3230-2378
(11) 3746-9700

Todos os direitos deste livro são reservados pela Editora Quatro Ventos.

Proibida a reprodução por quaisquer meios, salvo em breves citações, com indicação da fonte.

Todas as citações bíblicas e de terceiros foram adaptadas segundo o Acordo Ortográfico da Língua Portuguesa, assinado em 1990, em vigor desde janeiro de 2009.

Todo o conteúdo aqui publicado é de inteira responsabilidade do autor.

Diretor executivo: André Cerqueira
Editora-chefe: Sarah Lucchini
Equipe Editorial:
Rafaela Beatriz A. Santos
Isabela Bortoliero
Paula de Luna
Revisão: Eliane Viza B. Barreto
Diagramação: Vivian de Luna
Capa: Vinícius Lira

Todas as citações bíblicas foram extraídas da Nova Almeida Atualizada, salvo indicação em contrário.

Citações extraídas do site *www.bibliaonline.com.br/naa*. Acesso em janeiro de 2021.

1ª Edição: fevereiro 2021
1ª Reimpressão: agosto 2022
2ª Reimpressão: setembro 2025

Ficha catalográfica elaborada por Aline Graziele Benitez – CRB-1/3129

Subirá, Luciano

Revelação, o caminho para a realização: descubra quem você é e potencialize seus resultados / Luciano Subirá. – 1. ed. – São Paulo: Editora Quatro Ventos, 2021.
192 p.

ISBN: 978-65-86261-82-0

1. Cristianismo 2. Evangelho - Estudo e ensino 3. Fé (Cristianismo) 4. Moral cristã 5. Revelação – Cristianismo I. Título.

21-56731
CDD-212.6

SUMÁRIO

1 REVELAÇÃO E REALIZAÇÃO 17

2 DOIS TIPOS DE REVELAÇÃO 37

3 COMO DEUS NOS VÊ 57

4 IDENTIDADE TRANSFORMADA 77

5 O PODER DA AUTOIMAGEM 95

6 NÃO PENSAR ALÉM DO QUE CONVÉM 119

7 NÃO PENSAR AQUÉM DO QUE CONVÉM 143

8 A CAPACITAÇÃO DIVINA 171

ENDOSSOS

"O meu amigo, Pr. Luciano Subirá, com muita graça e excelência, compartilha preciosas verdades da Palavra para as pessoas que verdadeiramente desejam ser frutíferas no Reino de Deus. Ao escrever *Revelação, o caminho para a realização*, Luciano compartilha segredos poderosos que ele mesmo tem vivenciado em primeira mão. Este livro nos leva a tomar posse da nossa identidade e nos desafia à produtividade. Você será instruído e encorajado!"

ABE HUBER
Paz Church, São Paulo, Brasil

•

"Falar sobre uma obra de quem admiramos é tarefa fácil. Conheço o Luciano Subirá há muitos anos, e, desde então, tenho o privilégio de tê-lo como um dos meus melhores amigos. Nessa caminhada, percebi seu compromisso com Deus, seu amor pelas pessoas e sua profunda revelação das verdades espirituais. Neste livro, ele aborda, com clareza, profundidade e precisão, um tema relevante para a vida cristã frutífera: revelação e realização. Ao estudarmos a Bíblia, percebemos que essa verdade é recorrente. A Igreja do século XXI tem a mesma necessidade de revelação, assim como todos os personagens bíblicos tiveram, para realizar as obras de Deus em sua geração. Tenho certeza de que este livro será um instrumento poderoso para abrir os olhos de seu entendimento."

MARCELO JAMMAL
Comunhão Ágape e AIM, Austin, EUA

•

"Conheço o pastor Subirá e sua família há muitos anos; recordo que ele ainda estava para se casar quando nos encontramos pela primeira vez. Desde então, eu e o movimento de igrejas que dirijo sempre fomos muito abençoados por Deus por meio do seu ministério. A coerência doutrinária e integridade com a qual ele vive o ministério são sempre uma garantia em todos os seus escritos.

Creio que ele tenha um chamado particular para despertar a Igreja às verdades bíblicas e doutrinárias, e se há alguém que pode falar de revelação, com certeza, essa pessoa é o Luciano. Qualquer pessoa que teve contato com qualquer um dos seus materiais e com o seu ministério sabe que a revelação da Palavra o distingue. Amo o equilíbrio que ele apresenta neste livro, entre nós, como protagonistas, e a Palavra revelada de Deus que traz respostas concretas às nossas vidas.

Aproveito para agradecer-lhe, querido amigo, por mais esta riqueza que coloca em nossas mãos."

ROSELEN BOERNER FACCIO
Ministero Sabaoth, Milão, Itália

•

"O amigo Luciano Subirá tem servido às igrejas na Europa por muitos anos, e temos sido ricamente abençoados por suas pregações e seus livros. Ele recebeu de Deus uma graça para concatenar conceitos bíblicos e redigir profundos ensinamentos. Este livro certamente vai ajudar a despertar a identidade e o propósito de muitos."

SIDSON NOVAIS
Missão Cristã Internacional, Sintra, Portugal

•

"O livro *Revelação, o caminho para a realização* será um gatilho para a sua vida espiritual. O pastor Luciano escreve com maestria sobre a conexão entre a revelação divina e a realização pessoal. Não conheceríamos a Deus se Ele não tivesse Se manifestado, revelado-Se e Se dado a conhecer. Da mesma forma, a revelação é necessária para descobrir e acionar nosso potencial e manifestar quem somos em Deus. Aproveite esta leitura, ela vai revolucionar você."

RUBÉN PEÑA G.
Iglesia Cornerstone, Querétaro, México

•

"Quando Isaac Newton disse que só podia ver mais longe porque estava sobre ombros de gigantes, enviou uma mensagem de gratidão a todos os gigantes que, com certeza, o ajudaram! O Pr. Luciano Subirá é um desses gigantes a quem os humanos desta época devem agradecer. Sobre esses ombros inspirados, temos sido engrandecidos. Tanta revelação que tem nos levado à realização dos sonhos de Deus! Se você quer ver longe, precisa ler este livro. Permita que Deus agigante sua vida com esta revelação. Eu recomendo muito!"

LAUDJAIR GUERRA
Igreja Batista Sobrenatural, Brasília, Brasil

DEDICATÓRIA

Dedico este livro a dois casais de discípulos, e verdadeiros amigos, que em momentos diferentes me sucederam no pastorado em igrejas e cidades distintas do Paraná. Eles são provas vivas da aplicação das verdades ensinadas neste livro:

Ney & Márcia Lourenço,
pastores da Comunidade Alcance de Irati

Marciano & Adriana Ortêncio,
pastores da Comunidade Alcance de Curitiba

As similaridades entre vocês não se limitam a apenas terem me sucedido no pastorado em igrejas que plantei. Quando o Espírito Santo me fez perceber como um dia levantaria vocês, as reações foram semelhantes: nenhum de vocês se via apto ou capaz. Meu trabalho não foi tentar convencê-los, e sim guiá-los à revelação d'Aquele que pode mostrar a nossa verdadeira identidade.

Hoje, olho para vocês com alegria e satisfação, testemunhando o crescimento e a frutificação ministerial. Sei que seguirão crescendo, mas o que vocês já se tornaram em Deus é admirável. Por causa da bendita graça divina. Oro para que vocês sejam agentes multiplicadores dessa visão!

PREFÁCIO

As verdades deste livro auxiliarão todo cristão que tem como objetivo percorrer a carreira proposta até o fim, com fidelidade. Amo a maneira como o Luciano ensina a Bíblia, de uma forma que é **profunda** [na abordagem] e **simples** [na aplicação].

A dimensão de conhecimento de Deus que possuímos determina aquilo que **somos** e também aquilo que **fazemos**. Ou seja, as consequências do entendimento espiritual não se limitam apenas ao impacto que isso produz em nossa **identidade**, mas também em nossa **produtividade**. A mensagem contida nesta obra é tanto um convite a aprofundar-se na revelação divina como também um estímulo para fortalecer sua identidade e potencializar seu ministério.

Conheci o autor 30 anos atrás, e uma das coisas apaixonantes que vi na vida daquele jovem foi um forte senso de destino e propósito misturados a um conhecimento claro da sua identidade em Cristo Jesus. Confesso que reparei em outras coisas que me fascinaram e me levaram e dizer sim a ele repetidas vezes, quando me pediu para orarmos juntos, quando me pediu em namoro, noivado e casamento.

Após anos convivendo com ele, entre os quais 25 são só de casados e ministério conjunto, vejo que esta é a chave para uma vida e ministério bem-sucedidos. Continuo admirando o foco, o incansável trabalho e o amor ao Senhor na vida do meu esposo. Ele me inspira. Sou uma testemunha de que a revelação bíblica o levou além das suas limitações.

Creio que esta leitura abrirá seus olhos, fortalecendo sua consciência a respeito de verdades imprescindíveis e, consequentemente, o ajudará a viver cada uma delas intensamente. Afinal, concluir a carreira que nos está proposta (cf. Hebreus 12.1) é mais do que ser salvo, é apresentar frutos, resultado do nosso serviço ao Senhor.

Deus o abençoe!

Kelly Cristina Ferraz Subirá

Capítulo 1

REVELAÇÃO E REALIZAÇÃO

Muitos irmãos em Cristo, entre eles pastores e líderes mais jovens, comumente me questionam acerca das verdades essenciais que não apenas marcaram como também definiram a minha caminhada com Deus e o meu ministério. Eu, particularmente, gosto desse tipo de conversa. Aprendi muita coisa importante questionando gente mais experiente sobre o que consideravam essencial na jornada da fé. Isso nos ajuda tanto a compreender como rever princípios e valores, lembrando-nos também acerca da nossa responsabilidade de ajudar outros que ainda estão no início de uma trajetória promissora. O que compartilho neste livro é parte da resposta que dou aos que me indagam sobre o que pode nos ajudar a sermos bem-sucedidos no ministério.

Eu não creio em fatalismo e predeterminismo[1] absoluto. Mas também não acredito que estamos meramente vendidos à nossa própria sorte. Embora conclua que a Igreja contemporânea sofra o

---

[1] Predeterminismo é uma designação relacionada à crença de que Deus já determinou, previamente, o curso de tudo, cabendo a Ele, e não aos homens, a decisão de todas as coisas.

prejuízo de não compreender a soberania e providência divinas, por outro lado, também, percebo que a ignorância quanto à nossa responsabilidade de interagir com Deus tem nos sabotado de forma terrível.

Ao longo de décadas de ministério, notei os danos dos dois extremos: aqueles que nunca moveram um dedo no cumprimento do seu propósito, atribuindo ao Pai Celeste a incumbência de executar tudo sozinho, bem como aqueles que excluíram a companhia e o favor divinos, imaginando serem responsáveis por uma execução "solo" daquilo que lhes fora confiado.

Por esse motivo, oro por uma geração que entenda o equilíbrio entre aquilo que o Senhor quer fazer "em" e "através" de nós por meio de nossa responsabilidade de **interagir** com Ele. Foi diante dessa necessidade que decidi compartilhar aqui algumas chaves que afetarão tanto a nossa identidade como nossas conquistas.

As Escrituras nos apresentam uma clara conexão entre **revelação** e **realização**. Ao empregar a palavra **revelação**, refiro-me ao conhecimento de Deus que se experimenta por vias espirituais. É diferente do conhecimento natural, que pode ser definido como mera absorção de informações. E ao utilizar o termo **realização**, destaco mais do que uma ação qualquer; enfoco naquilo que podemos fazer **com** e **para** Deus.

Como ponto de partida e trilho deste capítulo, quero utilizar uma afirmação registrada no livro de Daniel:

[...] mas o povo que **conhece ao seu Deus** se tornará forte e **fará proezas**. (Daniel 11.32 – ACF – grifo do autor)

O conhecimento de Deus resultará, inevitavelmente, em conquistas. Porém, antes de mencionar a consequência desse nível de conhecimento, é necessário entender a sua natureza, reconhecendo também tratar-se de algo que é adquirido por **revelação**. Aliás, asseguro: não existe outra forma de adentrarmos no conhecimento de quem é Deus.

COMPREENDENDO A REVELAÇÃO

Certa ocasião, quando o Senhor Jesus se encontrava em Cesareia de Filipe, indagou aos Seus discípulos acerca de quem os homens diziam ser Ele (cf. Mateus 16.13). A passagem continua, e as Escrituras registram a resposta dos apóstolos, que logo mencionaram: "[...] Uns dizem que é João Batista; outros dizem que é Elias; e outros dizem que é Jeremias ou um dos profetas" (Mateus 16.14). Diante disso, Cristo novamente questionou: "[...] E vocês, quem dizem que eu sou?" (Mateus 16.15). Então Pedro disse: "[...] O senhor é o Cristo, o Filho do Deus vivo" (Mateus 16.16).

Diante da resposta de Pedro, o Senhor Jesus ensina a respeito desse conhecimento por revelação: "[...] Bem-aventurado é você, Simão Barjonas, porque não foi carne e sangue que revelaram isso a você, mas meu Pai, que está nos céus" (Mateus 16.17). Este não se tratava de um entendimento natural, fruto de informações preconcebidas ou esforço humano — inclusive, esse é o significado da expressão "carne e sangue". Simão não tinha aprendido aquilo com as pessoas ou circunstâncias, mas recebido uma **revelação** do próprio Deus.

Em outras palavras, Cristo comunicou a seguinte mensagem: "Pedro, você está entrando em um campo do conhecimento que pode ser definido como conhecimento por revelação. Isso acontece quando você vai além da capacidade natural de percepção, ou mesmo transcende os canais humanos de ensino e compreensão, e recebe um entendimento espiritual que vem direto do meu Pai".[2]

Essa é a única forma de entrarmos no genuíno conhecimento de Deus. Edward M. Bounds, um dos maiores mestres da oração, comentou acerca desse nível de conhecimento da Deidade — que é tão distinto do intelectual:

---

[2] Paráfrase do versículo 17 de Mateus 16.

A condição para receber a revelação de Deus, que contém a verdade, está no coração, e não na cabeça. A capacidade de receber e buscar é como a da criança, do bebê, o sinônimo de docilidade, inocência e simplicidade. Essas são as condições para que Deus se revele ao homem. Aqueles que se baseiam na sabedoria não podem receber ou compreender Deus, porque Deus se revela ao coração do homem, e não à sua cabeça. Apenas o coração pode sentir a Deus, ver a Deus e ler Deus em seu Livro dos livros. Deus não pode ser compreendido por pensamentos, mas por sentimentos. O mundo entende Deus por meio da revelação, não da filosofia. O que o homem precisa não é de habilidade mental para compreender a Deus, mas de capacidade de se sensibilizar. Não é por meio da objetiva, sólida e austera razão que o homem encontra a Deus, mas por meio de um grande, brando e puro coração.[3]

Eu diria ainda que conhecer com o coração, mais do que sentimentos [algo que pode ser meramente humano], é adentrar uma dimensão de percepção espiritual. Conhecimento revelado se recebe no espírito. Mas vale ressaltar que não para por aí, afinal, depois de manifesta, a revelação produzirá efeitos colaterais em nossas vidas.

Gosto de afirmar que conhecer a Deus tem o poder de afetar e determinar aquilo que **somos** e **fazemos**. Isso significa que as consequências da revelação não se manifestam apenas no impacto que isso produz em nossa **identidade** (o que somos), mas também em relação à nossa **produtividade** (aquilo que fazemos), ou seja, a nossa capacidade de realização.

Há uma declaração no Novo Testamento, feita pelo apóstolo João, que concorda com a verdade que encontramos em Daniel 11.32. Observe:

> Amados, amemo-nos uns aos outros, porque o amor procede de Deus, e **todo aquele que ama** é nascido de Deus e conhece a Deus. Quem não ama não **conhece a Deus**, pois Deus é amor. (1 João 4.7-8 – grifo do autor)

---

[3] BOUNDS, E. M. **Os tesouros da oração**: textos clássicos da obra de E. M. Bounds selecionados por Leonard Ravenhill. Curitiba: Orvalho.com, 2020, páginas 43 e 44.

Assim, o poder de realização, que, nesse caso, é apresentado como a capacidade de amar aos outros, será influenciado pela revelação que temos de Deus — nesse exemplo, ligado ao entendimento de que Ele é amor. Isso quer dizer que o conhecimento do Deus que é amor, certamente, nos levará a uma dimensão em que, impactados pela descoberta de quem o Criador é, seremos levados a reproduzir em nossa própria vida aquilo que passamos a compreender sobre a identidade do Altíssimo. A revelação do amor do Pai Celestial transborda e é refletida no amor que demonstramos por nossos semelhantes. Portanto, a mensagem do apóstolo João pode ser lida assim: "Quem não ama os outros evidentemente não conhece a Deus, uma vez que o conhecimento de Deus afeta tanto o que somos como o que fazemos".[4]

Então, quando a Palavra diz que "[...] o povo que conhece ao seu Deus se tornará forte [...]" (Daniel 11.32 – ACF), fala do efeito da **revelação** divina em nossa própria identidade; enquanto a parte desse mesmo versículo que enfatiza "fará proezas", refere-se à nossa capacidade de **realização**.

REVELAÇÃO QUE PRODUZ REVELAÇÃO

Há outra verdade a ser destacada quando consideramos o efeito da revelação que alguém recebe do Pai Celeste. Sempre que recebemos uma revelação acerca de Deus, consequentemente recebemos uma revelação sobre nós mesmos:

> Então Jesus lhe afirmou: — Bem-aventurado é você, Simão Barjonas, porque não foi carne e sangue que revelaram isso a você, mas meu Pai, que está nos céus. **Também eu lhe digo que você é Pedro**, e sobre esta pedra edificarei a minha igreja, e as portas do inferno não prevalecerão contra ela. (Mateus 16.17-18 – grifo do autor)

---

[4] Paráfrase dos versículos 7 e 8 de 1 João 4.

Repare na frase: "Também eu lhe digo [...]". Ela indica mutualidade. É como se Jesus estivesse falando: "Você recebeu uma revelação a Meu respeito; agora é a Minha vez; Eu também revelarei algo a seu respeito".

Quando o Senhor Jesus diz isso a Pedro, além de comunicar uma informação ao apóstolo, Ele também está ensinando um princípio. Trata-se de um inevitável efeito colateral que podemos classificar como **reciprocidade**. Toda revelação de Deus nos levará a uma revelação de nós mesmos.

Ao entendermos esse princípio, compreendemos também que a razão pela qual a Escritura afirma que o povo que conhece o seu Deus será forte, e que terá sua identidade afetada pelo conhecimento de Deus, é porque essa compreensão gera entendimento sobre quem somos.

Note as palavras de Jesus a Simão Pedro no versículo 18 de Mateus 16. Ao afirmar: "Também eu lhe digo que você é Pedro, e sobre esta pedra edificarei a minha igreja [...]", o que, exatamente, Cristo queria comunicar? Nós sabemos que, no original grego, há um jogo de palavras usado por nosso Senhor que não é perceptível nas traduções para a maioria dos idiomas. Mateus emprega, em seu Evangelho, na mesma frase, duas palavras distintas que merecem ser destacadas. Quando declarou: "Também eu lhe digo que você é Pedro", a palavra grega utilizada nos originais e traduzida como "Pedro", de acordo com Strong, é *petros* (πετρος), que quer dizer: "uma rocha ou uma pedra". Agora, quando ele utiliza a expressão "sobre esta pedra", emprega, no original grego, outro termo: *petra* (πετρα). Seu significado é "rocha, penhasco ou cordilheira de pedra".[5] Ou seja, o Mestre chama Pedro de "uma pequena rocha" e, logo depois, fala a respeito de edificar Sua Igreja sobre "uma grande rocha".

Obviamente, apesar da crença antiga de que Pedro era essa rocha sobre a qual a Igreja de Cristo seria edificada, sabemos que isso não

---

[5] STRONG, James. **New Strong's exhaustive concordance of the Bible**. Nashville: Thomas Nelson Publishers, 1990.

está em harmonia com o restante da doutrina bíblica. É mais do que uma discussão acerca de detalhes da tradução. O apóstolo Paulo, escrevendo aos coríntios, afirmou:

> Porque ninguém pode lançar **outro fundamento, além do que foi posto, o qual é Jesus Cristo**. (1 Coríntios 3.11 – ARA – grifo do autor)

Cristo é a pedra angular, fundamental, a pedra de esquina, a base sobre a qual o Reino de Deus é construído.

Então, em conformidade com isso, Jesus nunca disse que Pedro ocuparia esse lugar. O que Ele, de fato, declarou, foi: "Pedro, você é um pedaço de pedra [*petros*], e será edificado sobre a *petra*, a grande pedra".[6] O próprio apóstolo Pedro que, na alegação da Igreja Católica, supostamente teria sido declarado por Jesus como sendo esse fundamento, ensinou algo completamente diferente dessa interpretação. Observe:

> Chegando-vos para **ele, a pedra que vive**, rejeitada, sim, pelos homens, mas para com Deus eleita e preciosa, também vós mesmos, **como pedras que vivem, sois edificados casa espiritual** para serdes sacerdócio santo, a fim de oferecerdes sacrifícios espirituais agradáveis a Deus por intermédio de Jesus Cristo. (1 Pedro 2.4-5 – ARA – grifo do autor)

Há algumas palavras-chave nesse texto. A ideia de que uma casa espiritual está sendo construída não pode ser ignorada. E, toda casa, para ser edificada, necessita tanto de um alicerce como da edificação que, sobre a fundação, será levantada. O que o apóstolo Pedro afirmou demonstra que Jesus é a **pedra viva** e que nós, também como **pedras vivas**, ou seja, de **material semelhante a Ele**, somos edificados sobre Aquele que é o fundamento da casa.

A questão a ser entendida é a função de cada tipo de pedra. Uma é utilizada como alicerce e fundação da casa e a outra cumpre

---

[6] Paráfrase do versículo 18 de Mateus 16.

CAPÍTULO 1

a função do que, hoje, classificaríamos como os tijolos que são edificados sobre o alicerce.

Embora esse entendimento mude a interpretação equivocada de alguns sobre quem é a Pedra Fundamental, obviamente, não diminui a revelação poderosa por trás da declaração de Jesus. Ao dizer: "Você é *petros*", ainda que estivesse se referindo a uma pedra menor, Cristo estava afirmando: "Pedro, você é feito do mesmo material que Eu. Você reproduzirá a Minha natureza, manifestará aquilo que Eu sou, será edificado sobre Mim, será a reprodução de quem Eu sou".

Acho interessante Jesus usar essa analogia da pedra, já que muitas das palavras proféticas a respeito d'Ele e de Sua vinda comparavam-nO a uma. Na visão de Daniel, Ele é a pedra que derruba a estátua que representava os impérios mundiais (cf. Daniel 2.26-45). Nas declarações dos profetas, Ele é pedra de esquina, aquela que os edificadores rejeitaram; a pedra angular (cf. Salmos 118.22). Muitas dessas profecias apresentavam-nO dessa forma. Então, Cristo não apenas reconheceu que Ele era Aquele em quem se cumpriam essas profecias messiânicas como também afirmou: "Pedro, o entendimento de quem Eu sou também tem o poder de definir o entendimento de quem você é".

Meu amigo Danilo Figueira, em seu livro *Liderança acima da média*, comenta justamente sobre isso:

> Neste novo diálogo, ocorrido em Banias, também chamada por um tempo de Cesareia de Filipe, novamente usando um jogo de palavras e imagens, Jesus reafirma a identidade de Pedro a partir da revelação que ele estava tendo da sua própria identidade. Talvez o cenário onde esse diálogo ocorreu nos ajude a compreender melhor o seu sentido. Eles estavam num lugar onde há até hoje uma grande montanha rochosa. Encrustada nela, um templo ao deus Pan, onde abomináveis cultos pagãos aconteciam. [...] Ao pé desta montanha rochosa correm as águas que dão origem ao Jordão. O chão e o leito do rio ali são cobertos de seixo, pequenos fragmentos desprendidos da grande rocha, com o passar do tempo.

> Eu posso imaginar Jesus pegando uma dessas pedrinhas no chão, mostrando para Pedro e dizendo: "Isso aqui é você". Então ele aponta para a montanha e diz: "A rocha sou Eu. Em essência nós temos a mesma natureza, mas eu sou a origem e você é o resultado".[7]

Compreender quem somos em Cristo é essencial para o cumprimento do nosso propósito. Isso, porque, além da influência da história pessoal, que é marcada por nossos erros, tropeços, pecados e até mesmo por injustiças, a visão correta da nossa identidade, de como nos enxergamos, precisa ir além de nossa **experiência** e ser encarada de uma perspectiva mais abrangente. Sobre isso a Palavra de Deus diz:

> Nisto é em nós aperfeiçoado o amor, para que, no Dia do Juízo, mantenhamos confiança; pois, **segundo ele é, também nós somos** neste mundo. (1 João 4.17 – ARA – grifo do autor)

Esta declaração é muito forte: "[...] segundo ele é, também nós somos neste mundo". Isso equivale a dizer que se Ele é pedra, então nós também somos! Ainda que sejamos pedras menores do que Ele, com uma função distinta na edificação da casa de Deus, somos parecidos com Ele. Ou, como mencionei, nós temos, em essência, a mesma natureza; a diferença é que Cristo é a **origem** e nós, o **resultado**.

REALIZAÇÃO DESENCADEADA PELA REVELAÇÃO

É necessário entender que a visão e a perspectiva bíblica de identidade remetem à atitude de enxergar mais do que o nosso histórico, além do que já falaram a nosso respeito ou do que aquilo que contemplamos no espelho. É preciso entrar naquela dimensão de

---

[7] FIGUEIRA, Danilo. **Liderança acima da média**. Ribeirão Preto: Selah Produções, 2020, páginas 139 e 140.

revelação a nosso respeito que é proporcional à revelação que temos sobre o Deus Eterno.

O resultado? Uma inevitável consequência: a nossa capacidade de produção, de realização em prol do Reino de Deus, sendo diretamente afetada por essa verdade. O interessante é que a Bíblia não apresenta aquilo que somos de forma desconectada daquilo que podemos fazer. Um exemplo claro disso está na afirmação do apóstolo Pedro, quando diz que **somos** pedras vivas edificadas sobre Cristo. Para quê? A resposta é clara: "[...] para serem sacerdócio santo, a fim de oferecerem sacrifícios espirituais [...]" (1 Pedro 2.5); ou seja, o entendimento correto de quem nós somos em Cristo nos leva a realizar, desimpedidamente, a nossa missão, a cumprir a nossa tarefa, a ter um poder diferenciado de realização. **Ser** sacerdote implica em **fazer** algo, em cumprir com as responsabilidades sacerdotais.

Por outro lado, o entendimento correto de identidade não tem a ver apenas com as realizações de âmbito pessoal ou com aquilo que é meramente humano, mas com a preparação e devida resposta ao chamado de Deus. O que Ele planejou que fizéssemos será afetado pelo entendimento que carregamos acerca de nossa identidade. Aliás, podemos dizer que esse chamado para realizar incumbências é uma espécie de extensão daquilo que somos. Paulo declarou aos coríntios que ele foi "[...] chamado pela vontade de Deus para ser apóstolo de Cristo Jesus [...]" (1 Coríntios 1.1). Repare na palavra "ser"; o apostolado, antes de ser um ofício a ser executado, era uma posição a ser assumida.

NÃO ENTRE NO JOGO DA COMPARAÇÃO

Há um estágio em nosso relacionamento com Deus em que passamos a compreender quem realmente somos e aquilo que Ele nos chamou a fazer, e, por isso, a necessidade de qualquer tipo de comparação com algo ou alguém desaparece. Mesmo assim, é inegável:

todos temos uma inclinação enorme à comparação. Tanto é que na ocasião em que Jesus falava a Pedro sobre o tipo de morte com que ele iria glorificar a Deus (cf. João 21.18-19), a pergunta do discípulo, olhando para João, que vinha seguindo os dois, foi: "[...] Senhor, e quanto a ele?" (João 21.21 – NVT).

Essa reação de Pedro é, no mínimo, interessante, já que Cristo estava falando de Pedro, e João não tinha nada a ver com a história. Mas quando Simão viu o outro discípulo por perto, perguntou: "E quanto a ele?". A verdade é que Simão entendeu haver uma diferença entre a forma como ele e João haveriam de morrer. Provavelmente, tenha relacionado isso ao seu tropeço de negar Jesus, coisa que o outro apóstolo não havia feito. Cristo, então, replicou: "[...] Se eu quero que ele permaneça até que eu venha, o que você tem com isso? Quanto a você, siga-me" (João 21.22). A resposta de nosso Senhor é uma evidente censura à comparação feita por Pedro, e também um esclarecimento de que cada um de nós deve viver o propósito personalizado de Deus para si.

É fato que temos essa predisposição a, muitas vezes, nos compararmos. Mas quando entendemos a nossa identidade, o nosso chamado, o propósito customizado de Deus para a nossa vida, isso é libertador. Não há necessidade alguma de nos **compararmos**, a não ser viver o entendimento da nossa identidade e, dessa forma, a execução plena do nosso propósito.

A comparação é um dos grandes indícios de que não compreendemos nossa identidade e a singularidade que ela carrega. Esta, vale mencionar, engloba tanto o que somos como também o que fomos chamados a realizar. Se queremos nos ver de forma saudável, sem comparações, precisamos começar pela compreensão doutrinária correta das diferenças no Corpo de Cristo:

> Porque também o corpo não é um só membro, mas muitos. Se o pé disser: "Porque não sou mão, não sou do corpo", nem por isso deixa de ser do corpo.

> Se o ouvido disser: "Porque não sou olho, não sou do corpo", nem por isso deixa de ser do corpo. Se todo o corpo fosse olho, onde estaria o ouvido? Se todo ele fosse ouvido, onde estaria o olfato? Mas Deus dispôs os membros, colocando cada um deles no corpo, como ele quis. Se todos, porém, fossem um só membro, onde estaria o corpo? O certo é que há muitos membros, mas um só corpo. Os olhos não podem dizer à mão: "Não precisamos de você." E a cabeça não pode dizer aos pés: "Não preciso de vocês." Pelo contrário, os membros do corpo que parecem ser mais fracos são necessários, e os que nos parecem menos dignos no corpo, a estes damos muito maior honra. Também os que em nós não são decorosos revestimos de especial honra, ao passo que os nossos membros nobres não têm necessidade disso. Contudo, Deus coordenou o corpo, concedendo muito mais honra àquilo que menos tinha, para que não haja divisão no corpo, mas para que os membros cooperem, com igual cuidado, em favor uns dos outros. De maneira que, se um membro sofre, todos sofrem com ele; e, se um deles é honrado, todos os outros se alegram com ele. Ora, vocês são o corpo de Cristo e, individualmente, membros desse corpo. (1 Coríntios 12.14-27)

Ao apresentar a visão de um corpo, a Bíblia menciona diferentes membros, que têm funções distintas, e que precisam de uma ação coordenada. Isso significa que temos de reconhecer que cada um tem a mesma **importância**, mas não necessariamente a mesma **função**.

A Bíblia especifica que, diante disso, não é possível alguém se achar mais importante que o outro. Quem tem um dom, espiritual ou ministerial, não pode achar-se mais relevante ou necessário do que outra pessoa, nem tampouco desprezá-la. Trata-se de um encargo diferente, o que não quer dizer que o valor seja distinto.

É em razão disso que Paulo aponta a importância de não nos compararmos, ou estarmos insatisfeitos com a nossa posição; precisamos entender que, se por um lado não podemos nos inferiorizar, também não podemos aceitar que o outro nos imponha isso. Os olhos não podem dizer às mãos que não precisam delas, e as pernas não podem dizer aos pés que não precisam deles, porque, na verdade, todos precisam uns dos outros.

Pensar nisso me remete à minha infância. A minha mãe sempre comentava sobre esse assunto fazendo referência às cores. "Se tudo fosse amarelo, onde estaria o azul?", dizia ela. Em outras palavras, o seu questionamento traduzia uma verdade contundente acerca da importância de entendermos o papel de cada um dentro da individualidade do seu chamado e propósito. Entretanto, não basta compreender o nosso papel ou o do outro. Temos de entender o quanto é imprescindível reconhecer o valor de se ter a soma das diferentes funções.

O problema é quando nos recusamos a enxergar que, na realidade, é a nossa união e a soma das nossas forças, visando algo maior, que tem o poder cooperar com Deus e cumprir o que Ele nos confiou. Algo essencial na execução do chamado é que nunca estejamos sozinhos. Eu gosto sempre de dizer que somos pequenas engrenagens de algo que é muito maior do que a gente e a nossa individualidade.

Se, por um lado, preciso dos outros membros do Corpo, por outro, vale lembrar que os demais também precisam de mim, e que cada um tem de atuar no seu lugar. É terrível quando queremos dar a um membro uma função que não lhe pertence. Imagine só alguém tentando tomar uma sopa usando os pés, em vez da mão, para pegar a colher. Sim, é bem verdade que algumas pessoas acabam precisando se desdobrar em situações em que há falta ou incapacidade de certos membros, mas atuar fora da sua esfera não é algo natural.

As Escrituras, falando sobre a cooperação dos membros, destacam tanto a participação de cada um, individualmente, como o resultado do trabalho de todos, coletivamente:

> Mas, seguindo a verdade em amor, cresçamos em tudo naquele que é a cabeça, Cristo, de quem **todo o corpo**, bem-ajustado e consolidado pelo **auxílio de todas as juntas**, segundo a justa **cooperação de cada parte**, efetua o

seu próprio crescimento para a edificação de si mesmo em amor. (Efésios 4.15-16 – grifo do autor)

A única forma de a Igreja crescer é quando **todo** o Corpo, com o auxílio de cada junta, com a colaboração de cada membro, funciona combinando os conceitos de individualidade e coletividade.

Se compreendermos as diferenças de dons, chamado e graça, deixaremos de lado a ideia de comparação ou mesmo a necessidade de "medir forças" com quem quer que seja.

Paulo menciona um entendimento-chave que se deu entre ele e a igreja em Jerusalém; ele entendia o agir divino personalizado e atestou: "pois aquele que operou eficazmente em Pedro para o apostolado da circuncisão também operou eficazmente em mim para com os gentios" (Gálatas 2.8 – ARA). O apóstolo ainda dá uma outra nomenclatura para essa ação distinta em cada ministério:

> E, quando **reconheceram a graça que me foi dada**, Tiago, Cefas e João, que eram reputados colunas, estenderam a mim e a Barnabé a mão direita da comunhão, a fim de que nós fôssemos para os gentios e eles fossem para a circuncisão. (Gálatas 2.9 – grifo do autor)

Basicamente, eles compreenderam que o próprio Senhor da Igreja tinha um chamado e uma graça distinta para cada um deles. Sabemos que há múltiplos dons ministeriais: "E ele mesmo concedeu uns para apóstolos, outros para profetas, outros para evangelistas e outros para pastores e mestres" (Efésios 4.11). Entretanto, no caso de Paulo e Pedro, ambos eram apóstolos. A diferença não estava no dom ministerial e, sim, no público a quem cada um fora enviado. Ou seja, dons similares, mas com propósito e graça diferenciados. Se percebermos que Deus tem um plano pessoal e exclusivo para cada um de nós, deixaremos de nos preocupar com as diferenças dos outros, afinal o que vale é seguir o *script* personalizado!

> Conhecer a Deus tem o poder de afetar e determinar aquilo que somos e também aquilo que fazemos.

CAPÍTULO 1

Isso me lembra de um episódio que foi revolucionário em meu relacionamento com Deus. Eu nasci e cresci sob a tutela de pais cristãos, graças a Deus. Entreguei minha vida a Cristo quando ainda era muito novo. O meu batismo nas águas e o chamado para o ministério foram igualmente precoces, e apesar de terem sido eventos marcantes para mim, trouxeram-me uma ideia um tanto vaga e subjetiva do valor que eu tinha para Deus.

Aos quinze anos de idade, fui batizado no Espírito Santo e, a partir de então, o processo de mudança começou a se desenhar de modo mais intenso. Nessa época, além do impacto dessa experiência profunda e sobrenatural, comecei a caminhar perto de pessoas que vivenciavam os dons espirituais. Certo dia, visitando uma igreja onde ninguém me conhecia, recebi uma palavra profética que se tornou um divisor de águas em minha vida. Aquela pessoa, que nunca tinha me visto, falou com detalhes e precisão não somente a respeito da minha vida como também da minha família e do ministério do meu pai. Não se tratava apenas de acertar os detalhes; eu sabia, pelo testemunho do Espírito, que o Senhor estava falando comigo naquele momento.

O apóstolo Paulo instruiu os coríntios que, por meio da profecia, Deus manifesta não apenas uma mensagem, mas também a Sua presença (cf. 1 Coríntios 14.25). Posso testemunhar que o grande impacto produzido por aquela palavra profética, em 1988, não foi somente a mensagem, mas, principalmente, a consciência de um Deus próximo e pessoal, que tinha planos personalizados para mim. Em outros termos, entendi, com a mais profunda convicção, que eu não era alguém "perdido" no meio da massa humana. Entre bilhões de pessoas vivas, os olhos do Altíssimo me enxergavam como um indivíduo para quem Ele tinha um plano e um propósito. Algo pareceu explodir dentro de mim. Essa foi uma das mais marcantes experiências que eu tive em toda a minha vida, e mudou completamente o meu relacionamento com Deus.

Entender que o Criador **nos ama** já agrega um enorme senso de valor. Mas, naquele momento, entender Seus planos personalizados e Sua intenção de **confiar** em mim para executar a Sua obra, pareceu conceder-me o direito de apropriar-me das palavras do salmista: "Os teus olhos viram a minha substância ainda informe, e no teu livro foram escritos todos os meus dias, cada um deles escrito e determinado, quando nem um deles ainda existia" (Salmos 139.16). Eu ainda era um adolescente imaturo, mas isso quase fez minha autoestima explodir!

Mais tarde, em certa ocasião, enquanto eu falava a um grupo de adolescentes, fui questionado sobre como lidei com os complexos dessa fase. Para a surpresa de todos, respondi que nunca tinha tido nenhum. Como ninguém parecia acreditar, aproveitei e fiz daquele assunto a minha ministração para eles. Expliquei que entender, ainda bem cedo, o amor de Deus por mim, permitiu-me entender o meu valor perante Ele. Depois veio o chamado ao ministério, perto dos oito anos de idade, e o senso de valor, por ter sido escolhido pelo Criador, aumentou. Entretanto, tempos mais tarde, ainda na pré-a-dolescência, uma confirmação celestial daquele chamado me marcaria em níveis ainda mais profundos.

Eu tinha um problema congênito no joelho esquerdo que me impedia de ter um melhor desempenho no futebol (que eu amava). Certa vez, depois de ter perdido a chance de marcar um gol fácil e ter sido vaiado por todos, saí do jogo aborrecido e reclamando com Deus em meus pensamentos: "Os moleques do outro time estão botando a bola na rede, um gol atrás do outro. Eu devo ser um dos únicos que Lhe temem aqui e saio envergonhado por causa desse joelho?". Foi quando ouvi uma voz interior, forte e nítida o suficiente para saber que não se tratava de um pensamento ou imaginação. Essa voz disse: "Eu toquei seu joelho como toquei a coxa de Jacó, porque não te chamei para o futebol, e sim para a minha obra!".

Mais tarde, aos quinze anos, o batismo no Espírito Santo levou--me a uma dimensão de compreensão do amor e do chamado divinos ainda maior. Em função disso, nunca consegui enxergar um defeito que gerasse algum complexo diante de tamanho senso de valor gerado por aquela convicção.

Em outra ocasião, ainda na adolescência, tive uma discussão séria com meu pai que me gerou um profundo aborrecimento, como nunca havia sentido. Tentando ver se a raiva passava, saí para andar com alguns amigos, coisa que fazíamos com frequência. Enquanto andávamos por uma linha de trem, lembrei-me de quantas ocorrências de atropelamento de gente descuidada, ou até mesmo com intenções suicidas, aconteciam por ali. E, num momento insano, tomado por aquela indignação, distanciei-me um pouco dos meus amigos e sentei-me nos trilhos, imaginando acabar com tudo de uma vez. Aquilo durou poucos segundos, já que, rapidamente, lembrei-me do amor de Deus e do Seu chamado em minha vida, e deduzi que, se permanecesse ali, Deus poderia descarrilhar o trem inteiro para não me atingir [mesmo acreditando que minha percepção humana possa ter exagerado as coisas]. Então, levantei-me depressa e percebi que "aquela nuvem negra" havia se dissipado; não havia mais raiva ou desgosto, só a alegria de entender meu valor aos olhos do Senhor.

Por muito tempo achei que isso tinha sido mera fantasia de adolescente. Contudo, com os anos, pude perceber que uma imagem correta, formada pela revelação da Palavra e alimentada pelo Espírito Santo, protege-nos dos ataques de Satanás. Pode até ser que a parte do trem descarrilhando tenha sido mera fantasia, mas a convicção do meu valor e importância não eram. Aquela revelação era uma força real, turbinando o meu interior, e que nunca mais deixou de me impulsionar. Hoje, a minha oração é para que, por meio destas páginas, Deus abra os seus olhos, levando-o a uma compreensão do seu valor diante d'Ele. Da mesma forma, oro também para que as verdades bíblicas contidas neste livro proporcionem alinhamento, conserto e cura.

Capítulo 2
DOIS TIPOS DE REVELAÇÃO

No capítulo anterior, afirmei que a revelação que alcançamos de Deus, produz, consequentemente, uma revelação acerca de nós mesmos. O que me proponho a detalhar agora é um desdobramento da verdade apresentada anteriormente. Compreendo que essa revelação a nosso respeito possui dois aspectos distintos, que optei por classificar como os **dois tipos de revelação**.

DOIS TIPOS DE REALIDADE

A revelação de quem somos abrange dois aspectos distintos de realidade. Empregarei com a finalidade (meramente didática) de distinguir os termos: **realidade espiritual** e **realidade natural**. Cada um deles é igualmente importante e necessário, uma vez que, apesar de diferentes, eles se complementam.

A realidade espiritual abrange as declarações bíblicas a nosso respeito, identifica quem somos, o que temos e o que podemos fazer como novas criaturas; é aquilo que se enxerga com os olhos espirituais.

A realidade natural, por outro lado, retrata nossas limitações e áreas ainda não trabalhadas do nosso ser; é aquilo que se enxerga com os olhos naturais. Enquanto esta realça a nossa inaptidão para a obra de Deus, aquela manifesta a capacitação divina que foi disponibilizada. Desse modo, os recursos divinos nos levam a superar a limitação humana, carnal.

REALIDADE ESPIRITUAL

Esse tipo de realidade aponta para o que nos foi disponibilizado em Cristo. Portanto, tem a ver com o que poderia ser denominado de **virtudes espirituais** — aquelas de caráter posicional, ou seja, o que Deus provisionou a nosso respeito. É por isso que, quando temos uma revelação de quem é Deus, essas virtudes também são vislumbradas por meio da consequente revelação que recebemos sobre a nossa própria identidade. Dessa forma, podemos entender e enxergar aquilo que, naturalmente, nunca perceberíamos. Um exemplo claro disso é a declaração do apóstolo João: "[...] segundo ele é, também nós somos neste mundo" (1 João 4.17 – ARA), que retrata nossa posição espiritual.

Isso quer dizer que essa realidade espiritual é justamente quem somos em Cristo. E é importante entendermos o que as Escrituras ensinam acerca disso:

> E, assim, se alguém **está em Cristo**, é nova criatura; as coisas antigas já passaram; eis que se fizeram novas. (2 Coríntios 5.17 – ARA – grifo do autor)

Em outros termos, a chave para entender a nossa real e plena identidade é conseguir visualizar, pelas Escrituras, quem nós somos em Cristo. Falarei mais acerca disso posteriormente.

REALIDADE NATURAL

O aspecto espiritual, no entanto, não é a única revelação a respeito de nossa própria identidade, que se manifesta quando recebemos a revelação divina. Há outro tipo de revelação acerca de nós e, diferente do primeiro, ela tem a ver com as **limitações** que carregamos [aquelas que já são parte da nossa história], e não apenas com as nossas virtudes. Ele trata de **quem somos naturalmente**, não de nossa posição em Cristo. Tem a ver com aquilo que você e até mesmo outras pessoas enxergariam naturalmente [e com facilidade] sobre a sua própria condição.

EXEMPLOS BÍBLICOS A SEREM CONSIDERADOS

A Bíblia é repleta de exemplos de pessoas que, após uma revelação sobre quem é Deus, enxergaram também os seus próprios defeitos, limitações, fraquezas e pecados. Em cada uma dessas histórias, encontramos não só a soma de suas experiências, como temos a oportunidade de aprender com as lições que elas carregam. Como Paulo declarou aos romanos: "Pois tudo o que no passado foi escrito, **para o nosso ensino** foi escrito [...]" (Romanos 15.4 – grifo do autor). O apóstolo também atestou aos crentes de Corinto, falando sobre os registros do Antigo Testamento, que: "Estas coisas aconteceram com eles para servir de exemplo e foram escritas como advertência a nós, para quem o fim dos tempos tem chegado" (1 Coríntios 10.11).

Portanto, o exame desses registros bíblicos veterotestamentários [relativos ao Antigo Testamento] são parte da didática neotestamentária [referente ao Novo Testamento], já que eles servem, claramente, de exemplo aos crentes da Nova Aliança. Darei destaque a três indivíduos e episódios específicos: Gideão, Isaías e Pedro.

CAPÍTULO 2

GIDEÃO

No capítulo 6 de Juízes, temos o relato de uma experiência desse homem de Deus:

> Viu Gideão que era o Anjo do Senhor e disse: Ai de mim, Senhor Deus! Pois vi o Anjo do Senhor face a face. Mas o Senhor lhe disse: — Que a paz esteja com você! Não tenha medo! Você não morrerá! (Juízes 6.22-23 – ARA)

Repare na atitude de Gideão. Primeiro, ele disse: "Ai de mim [...]", ao se deparar com o Anjo do Senhor. O curioso é que, nesse caso, a Bíblia usa a expressão "o Anjo", com artigo definido, que representa uma **teofania**, ou seja, uma manifestação do próprio Deus [diferentemente de quando aparece a expressão "um anjo", com artigo indefinido, que se refere a um anjo qualquer].

Em seguida, por conta da primeira constatação, Gideão admitiu uma convicção interior, que, rapidamente, transformou-se em uma revelação. E foram todos esses eventos e comprovações repentinas que logo o fizeram concluir: "Eu vou morrer". Essa reação não é novidade. Outras pessoas, em relatos de experiências parecidas, agiram de modo muito similar. Aliás, a prova de que era realmente isso que Gideão esperava acontecer — e que não era mera hipérbole — encontra-se na resposta divina dada a ele: "Você não morrerá" (cf. Juízes 6.23). Essa foi a razão de, ao edificar um altar, esse juiz de Israel tê-lo chamado de "O Senhor é paz" (cf. Juízes 6.24). Entendo que a palavra "paz" esteja relacionada ao fato de que ele entendeu que Deus não iria matá-lo. Mas por que, então, ele teve a sensação de que morreria? Justamente pelo contraste da revelação da santidade de Deus com a limitação própria dos seres humanos.

DOIS TIPOS DE REVELAÇÃO

ISAÍAS

Percepção semelhante se deu com Isaías quando ele experimentou a maravilhosa visão de Deus assentado em Seu alto e sublime trono. Observe a reação do profeta:

> Então eu disse: — **Ai de mim! Estou perdido!** Porque sou homem de lábios impuros, e habito no meio de um povo de lábios impuros; e os meus olhos viram o Rei, o Senhor dos Exércitos! (Isaías 6.5 – grifo do autor)

Naquele momento, ele foi exposto à revelação da santidade divina, que contrastava com suas limitações, falhas e pecados, e a sua reação foi declarar: "Ai de mim! Estou perdido!". O que isso significa? Que ele também achou que morreria. Por isso, cabe reforçar: o conhecimento da santidade do Senhor sempre contrasta com a nossa falta de santidade.

Porém, qual foi o propósito dessa revelação e sua consequência?

> Então um dos serafins voou para mim, trazendo na mão uma brasa viva, que havia tirado do altar com uma pinça. Com a brasa tocou a minha boca e disse: — Eis que esta brasa tocou os seus lábios. **A sua iniquidade foi tirada, e o seu pecado, perdoado.** (Isaías 6.6-7 – grifo do autor)

O que percebemos nesses versículos é que Deus não mostrou as falhas do profeta porque pretendia destruí-lo e, sim, porque queria aperfeiçoá-lo. Esse tipo de revelação, portanto, lembra a necessidade de se fazer um diagnóstico no doente antes de se propor a cura.

PEDRO

O terceiro exemplo diz respeito ao apóstolo Pedro. Em certa ocasião, ele permitiu que Jesus usasse o seu barco para pregar. Em seguida, Cristo o instruiu que lançasse as redes na água. Foi quando Simão comentou que haviam tentado pescar a noite toda sem resultados. Porém, debaixo da palavra de Jesus, ele decidiu lançar as redes mais uma vez. Assim, aconteceu o conhecidíssimo episódio da pesca milagrosa.

Diante daquela manifestação do sobrenatural, Simão Pedro prostrou-se aos pés de Jesus, dizendo: "Senhor, afaste-se de mim, porque sou pecador" (Lucas 5.8). E qual a razão de tal atitude? No instante em que o apóstolo entendeu quem, de fato, estava naquele barco, a sua reação foi enxergar com profunda clareza as próprias imperfeições e pecados, a ponto de dizer: "Senhor, eu não posso Lhe contaminar; não posso deixar o Senhor impuro; nem chegue perto de mim".

O DENOMINADOR COMUM

Gideão, Isaías e Pedro tiveram experiências e reações muito similares. Eles se depararam com a santidade divina e, diante dela, perceberam a falta de santidade em suas próprias vidas. Tanto é que todos declararam que iam morrer, que eram pecadores, e, de alguma forma, reconheceram suas falhas. Deus, no entanto, lidou com isso de maneira peculiar e empolgante, afinal nenhuma das limitações desses homens foi exposta com o intuito de humilhá-los ou mostrá-los incapazes de cumprir os propósitos divinos. Pelo contrário, mesmo se tratando de homens imperfeitos, o Senhor não descartou nenhum deles, e ainda lhes propôs uma **missão** específica e individual.

Para **Gideão**, Ele disse: "[...] Vá nessa força que você tem e livre Israel das mãos dos midianitas. Não é verdade que eu estou enviando você?" (Juízes 6.14).

Para **Isaías**, há uma declaração semelhante: "Depois disto, ouvi a voz do Senhor, que dizia: — A quem enviarei, e quem há de ir por nós? Eu respondi: — Eis-me aqui, envia-me a mim. Então ele disse: — Vá e diga a este povo [...]" (Isaías 6.8-9). Aliás, penso que

Isaías deduziu: "Se Deus quer usar alguém como eu, com esse nível de limitação, então digo: 'Eis-me aqui, envia a mim'". Logo depois disso, Deus o comissionou a dizer algo ao Seu povo.

Por fim, ao apóstolo **Pedro**, Cristo declarou: "[...] Não tenha medo! De agora em diante você será pescador de gente" (Lucas 5.10).

O interessante é que esse denominador comum não só nos leva a entender a respeito desses dois tipos de revelação, como também nos direciona à necessidade de compreendermos o motivo pelo qual Deus trabalha com esses dois aspectos.

RESULTADOS DIFERENTES E COMPLEMENTARES

Uma vez que a revelação de Deus nos leva a enxergar tanto as virtudes quanto as falhas, agora surge a dúvida: como, então, devemos nos relacionar com esses dois tipos de revelação?

Cada um deles serve para uma finalidade específica, o que, consequentemente, acaba gerando resultados diferentes em nossas vidas. Por isso, juntos, eles produzem equilíbrio na forma como devemos nos enxergar.

Entretanto, apesar de nem sempre ser fácil nos depararmos com quem realmente somos, o propósito de Deus com essas revelações não é mostrar nossas fraquezas ou nos **condenar**, mas nos fazer reconhecer a nossa própria condição. E por que esse reconhecimento é necessário? Para que possamos ser trabalhados, aperfeiçoados e **transformados** por Ele.

Foi o que aconteceu no momento em que o anjo do Senhor pegou uma brasa do altar e tocou a boca de Isaías. Com isso, Deus estava dizendo: "Eu tenho o poder para transformar a sua vida, e ajustar cada fraqueza e limitação que você apresenta; isso não precisa ser um empecilho, você ainda pode ser útil e cumprir os Meus propósitos". Dessa forma, assim como foi com o profeta, o objetivo

CAPÍTULO 2

desse processo é aperfeiçoar e encorajar aqueles a quem o Senhor chamou, trazendo transformação por meio da graça, a única forma que nos habilita a realizar a missão divina. Isso quer dizer que eu e você podemos contar com o mesmo poder transformador de Deus operando em nossas vidas.

Agora veja o que a Palavra de Deus diz acerca de Elias:

> Elias **era homem semelhante a nós, sujeito aos mesmos sentimentos**, e orou com fervor para que não chovesse sobre a terra, e, por três anos e seis meses, não choveu. Depois, orou de novo, e então o céu deu chuva, e a terra produziu os seus frutos. (Tiago 5.17-18 – grifo do autor)

Ele era perfeito? É claro que não! Às vezes, pregando, brinco a respeito da instabilidade do profeta e o classifico como um homem bipolar. Uma hora estava orando para que fogo descesse dos céus, o que resultou em uma nação de joelhos, confessando que só o Senhor é Deus, e, pouco depois, encontramos o mesmo homem de Deus orando para que sua vida fosse tirada.

A Bíblia não conta muito sobre o passado de Elias, mas nos apresenta diversas histórias ao longo de seu ministério como profeta. Talvez, uma das mais conhecidas, e que, particularmente, sempre me inspira é do "duelo de deuses" proposto por ele, em 1 Reis 18:

> Quando Acabe viu Elias, disse: — Então é você, o perturbador de Israel? Elias respondeu: — Eu não tenho perturbado Israel. Quem tem perturbado Israel é você e a casa de seu pai, porque vocês abandonaram os mandamentos do Senhor e seguiram os baalins. Agora ordene que todo o Israel venha se encontrar comigo no monte Carmelo. Convoque também os quatrocentos e cinquenta profetas de Baal e os quatrocentos profetas da deusa Aserá que são sustentados por Jezabel. Então Acabe enviou mensageiros a todos os filhos de Israel e ajuntou os profetas no monte Carmelo. Depois, Elias se aproximou de todo o povo e disse: — Até quando vocês ficarão pulando

de um lado para outro? Se o Senhor é Deus, sigam-no; se é Baal, sigam-no. Porém o povo não disse uma só palavra. Então Elias disse ao povo: — Eu sou o único que restou dos profetas do Senhor, e os profetas de Baal são quatrocentos e cinquenta homens. Tragam, agora, dois novilhos. Eles que escolham para si um dos novilhos e, cortando-o em pedaços, o ponham sobre a lenha, porém não ponham fogo. Eu prepararei o outro novilho e o porei sobre a lenha, mas não porei fogo. Então eles invocarão o nome de seu deus, e eu invocarei o nome do Senhor. E há de ser que o deus que responder com fogo esse é que é Deus. E todo o povo respondeu: — É uma boa proposta! (1 Reis 18.17-24)

Após os profetas de Baal terem gastado horas invocando sua pseudodivindade, Elias passou a provocá-los. Em seguida, constatada a falta de resultado deles, o profeta invocou ao Deus vivo e verdadeiro:

Então Elias disse a todo o povo: — Aproximem-se de mim. E todo o povo se aproximou dele. Elias restaurou o altar do Senhor, que estava em ruínas. Pegou doze pedras, segundo o número das tribos dos filhos de Jacó, a quem tinha vindo a palavra do Senhor, dizendo: "O seu nome será Israel." Com aquelas pedras edificou o altar em nome do Senhor. Ao redor dele fez uma vala capaz de conter duas medidas de sementes e então armou a lenha, cortou o novilho em pedaços e os pôs sobre a lenha. Então disse: — Encham quatro cântaros com água e derramem sobre o holocausto e sobre a lenha. Disse ainda: — Façam isso outra vez. E eles o fizeram. Disse mais: — Façam isso pela terceira vez. E eles o fizeram pela terceira vez. A água escorria do altar e enchia também a vala aberta. Quando chegou a hora do sacrifício da tarde, o profeta Elias se aproximou do altar e disse: — Ó Senhor, Deus de Abraão, de Isaque e de Israel, que hoje se fique sabendo que tu és Deus em Israel, e que eu sou o teu servo e que, segundo a tua palavra, fiz todas estas coisas. Responde-me, Senhor, responde-me, para que este povo saiba que tu, Senhor, és Deus e que fizeste o coração deles voltar para ti. Então caiu fogo do Senhor e consumiu o holocausto, a lenha, as pedras e a terra, e ainda lambeu a água que estava na vala. Quando o povo viu isso, todos se prostraram com o rosto em terra e disseram: — O Senhor é Deus! Só o Senhor é Deus! Então Elias disse: — Prendam os profetas de Baal! Que nem um deles escape! Eles os prenderam, e Elias os fez descer até o ribeiro de Quisom e ali os matou. (1 Reis 18.30-40)

Porém, mesmo após essa gloriosa intervenção divina, milagrosamente liberada sobre a nação (cf. 1 Reis 18.45), o profeta fugiu:

Acabe contou a Jezabel tudo o que Elias havia feito e como havia matado todos os profetas à espada. Então Jezabel mandou um mensageiro a Elias para dizer-lhe: — Que os deuses me castiguem se amanhã a estas horas eu não tiver feito com a sua vida o mesmo que você fez com a vida de cada um deles! Elias ficou com medo, levantou-se e, para salvar a vida, se foi e chegou a Berseba, que pertence a Judá. E ali ele deixou o seu servo. Ele mesmo, porém, foi para o deserto, caminhando um dia inteiro. Por fim, sentou-se debaixo de um zimbro. Sentiu vontade de morrer e orou: — Basta, Senhor! Tira a minha vida, porque eu não sou melhor do que os meus pais. (1 Reis 19.1-4)

Que montanha-russa emocional! Contudo, não podemos exaltar a volubilidade de Elias e ignorar a nossa. As Escrituras afirmam que: "Elias era homem semelhante a nós, sujeito aos mesmos sentimentos [...]". Isso significa que ele era tão instável emocionalmente quanto nós somos. Ou como diziam os antigos: "Ele era farinha do mesmo saco".

Entretanto, essa limitação não é apresentada para sugerir que, por tais imperfeições, Elias não poderia ser usado por Deus. Na verdade, o texto bíblico sugere o contrário; o profeta era falho e, ainda assim, teve resultados sobrenaturais e históricos: "[...] orou com fervor para que não chovesse sobre a terra, e, por três anos e seis meses, não choveu. Depois, orou de novo, e então o céu deu chuva, e a terra produziu os seus frutos" (Tiago 5.17).

DOIS TIPOS DE REVELAÇÃO

Certamente, essa informação foi registrada com o propósito de nos encorajar em relação às nossas falhas e limitações. Não estou, de forma alguma, advogando a mudança ou o crescimento. Estou apenas reconhecendo que, enquanto experimentamos o processo de transformação, podemos ser usados pelo Pai Celeste à medida que estamos sendo aperfeiçoados, antes mesmo da conclusão do processo.

A história continua, e a Palavra nos diz que, tempos mais tarde, Elias recebeu uma ameaça de Jezabel, esposa de Acabe, a rainha, e fugiu para uma caverna a fim de salvar a sua vida. O que eu acho curioso nessa passagem é que a Bíblia é clara ao afirmar que ele fugiu **para salvar sua vida**, já que estava com medo da ameaça. Mas, quando entrou na caverna, ele orou: "Deus, tire a minha vida". Às vezes, lendo esse trecho, eu pensava: "Qual é a real intenção de Elias? Ele fugiu para salvar a sua vida e agora quer morrer?". Acho que se estivesse no lugar de Deus, diria ao profeta: "Então, volte, que Jezabel fará o serviço".

A verdade é que nossos sentimentos têm esta face traiçoeira: ao mesmo tempo em que tentamos preservar a nossa vida, podemos nos encontrar desanimados em prosseguir vivendo. Todos estamos sujeitos a altos e baixos, e precisamos entender que isso não precisa, necessariamente, ser um empecilho. Afinal, **apesar** de nossas mazelas, podemos ser extraordinariamente usados por Deus. Eu não sei você, mas isso me fascina, pois somos chamados para fazer grandes coisas em prol do Reino. Abe Huber, meu pastor, é um homem de grandes realizações no Reino de Deus. Tem um ministério frutífero e vive conquistas extraordinárias. Mesmo assim, declara de maneira recorrente: "É **apesar** de nós, e não **por causa** de nós que Deus tem feito grandes coisas".

O EQUILÍBRIO ENTRE FRAQUEZA E FORÇA

Talvez uma das maiores dificuldades que temos seja entender quem realmente somos sem que isso, de alguma forma, "suba à nossa

> Deus conhece as nossas fraquezas e também quer que as reconheçamos.

DOIS TIPOS DE REVELAÇÃO

cabeça". Digo isso, porque temos a tendência de nos subestimarmos ou superestimarmos. Assim, acabamos valorizando demais nossas fraquezas ou forças. O problema é que, se enxergarmos somente o lado da fraqueza, a consequência pode ser o desânimo e, de certa forma, o orgulho, já que, muitas vezes, podemos cair no erro de pensar que a nossa capacidade [ou a falta dela] é o fator decisivo que nos fará ou não alcançar os planos de Deus. Sendo assim, em vez de dependermos da graça e acreditarmos nas verdades que Deus diz sobre nós, acabamos ficando reféns de nossas próprias forças [conhecimento, talentos, habilidades] e da opinião das pessoas a nosso respeito. O mesmo acontece quando superestimamos as nossas forças e nos fechamos para o confronto do Espírito Santo; a consequência é o orgulho.

É necessário, portanto, aprender a lidar com os dois aspectos da revelação, pois, só assim, há espaço para o equilíbrio. Com isso, é claro, não estou sugerindo uma espécie de "*yin-yang* gospel", em que a mistura do bem e do mal tem o poder de se equilibrar mutuamente. Não é disso que estou falando. O equilíbrio a que me refiro é a consciência de que, apesar das nossas forças ou fraquezas, continuamos dependendo de Deus e necessitando da Sua graça. Isso quer dizer que, quando o Altíssimo traz a disfunção de ambos os lados à tona, é para que, além da dependência, possamos ser transformados por Ele, e, assim, nos parecermos mais com Cristo.

O Senhor quer que entendamos as grandes realizações que podemos operar n'Ele sem deixar de entender as nossas falhas. Por quê? Porque seria muito fácil descambar para o outro lado: o orgulho. E quanto a esse fator, Paulo declarou:

> E, **para que eu não ficasse orgulhoso** com a grandeza das revelações, foi-me posto um espinho na carne, mensageiro de Satanás, para me esbofetear, a fim de que eu não me exalte. (2 Coríntios 12.7 – grifo do autor)

CAPÍTULO 2

O apóstolo destacou que, à medida que nos aprofundamos nas grandiosas e extraordinárias experiências com Deus, é possível darmos lugar ao orgulho e soberba. Enxergar os dois elementos da revelação pode nos ajudar a encontrar um equilíbrio entre fraqueza e força.

Como disse anteriormente, o entendimento de nossos pontos fortes e fracos nos conduz à dependência de Deus; não apenas de sermos trabalhados e transformados por Ele, mas também de recebermos a capacitação que só Ele provê. Afinal, mesmo diante de nossas forças, permanecemos dependentes d'Ele. Por isso, a percepção da força que temos em Deus e da capacitação que Ele nos traz é obviamente o que baliza nosso coração e nos faz recordar que, sem o Senhor, **não somos** absolutamente ninguém e **não podemos fazer** absolutamente nada.

Nos versículos seguintes de 2 Coríntios 12, depois que Paulo mencionou o espinho na carne, também revelou que orou a Deus para que o afastasse; e qual foi a resposta divina?

> Três vezes pedi ao Senhor que o afastasse de mim. Então ele me disse: "**A minha graça é o que basta para você**, porque **o poder se aperfeiçoa na fraqueza**". De boa vontade, pois, mais me **gloriarei** nas fraquezas, para que sobre mim repouse o poder de Cristo. Por isso, sinto prazer nas fraquezas, nos insultos, nas privações, nas perseguições, nas angústias, por amor de Cristo. Porque, **quando sou fraco, então é que sou forte**. (2 Coríntios 12.8-10 – grifo do autor)

Temos aqui um paradoxo; uma aparente contradição: "[...] quando sou fraco, então é que sou forte". Isso é literal? Sim e não. O que Paulo destacou nessa passagem é que o entendimento da nossa fraqueza nos leva a um lugar de dependência da ação da graça divina que, por sua vez, faz-nos fortes. Em outras palavras, se não enxergamos as nossas limitações, jamais dependeremos da Graça. Por outro lado, se não compreendermos a força da ação da graça divina, nunca

DOIS TIPOS DE REVELAÇÃO

entenderemos onde ela pode nos levar. O que o apóstolo estava querendo dizer é que, ao mesmo tempo em que não podia se gloriar de uma força que não era sua [mas cedida por Deus], deveria, em contrapartida, gloriar-se nas fraquezas, porque elas eram responsáveis pela manifestação e o fluxo da graça de Deus em sua vida. Em outros termos, são as fraquezas que permitem que Deus nos leve a lugares onde jamais chegaríamos a não ser pela Sua graça.

Esse conceito foi largamente ensinado pelo apóstolo Paulo. Considere esta instrução dada à igreja de Corinto:

> Irmãos, considerem a vocação de vocês. Não foram chamados muitos sábios segundo a carne, nem muitos poderosos, nem muitos de nobre nascimento. Pelo contrário, Deus escolheu as coisas loucas do mundo para envergonhar os sábios e escolheu as coisas fracas do mundo para envergonhar as fortes. E Deus escolheu as coisas humildes do mundo, e as desprezadas, e aquelas que não são, **para reduzir a nada as que são, a fim de que ninguém se glorie na presença de Deus.** (1 Coríntios 1.26-29 – grifo do autor)

As Escrituras atestam que o Senhor escolheu "os que não são" com o claro propósito de reduzir a nada "os que são", de modo que ninguém possa se vangloriar na presença de Deus.

Só podemos nos gloriar no Senhor (cf. 1 Coríntios 1.31), afinal de contas, tudo se trata da manifestação da graça, bondade e misericórdia divinas; somente por meio delas nós conseguimos realizar qualquer coisa. Se não fosse o Senhor, sequer teríamos chegado até aqui. Porém, com Ele somos habilitados a ser e a fazer.

Quando temos essa consciência de quem somos e quem não somos, abrimos espaço para que Deus continue o processo de santificação em nossas vidas e nos faça caminhar de maneira mais "sóbria" e humilde. O entendimento de nossa verdadeira identidade nos guia à dependência da graça. Entretanto, existe um extremo perigoso. Paulo disse:

CAPÍTULO 2

> Porque eu sou o **menor** dos apóstolos, e **nem mesmo sou digno** de ser chamado apóstolo, pois **persegui a igreja de Deus**. (1 Coríntios 15.9 – grifo do autor)

Muitas vezes, alguns pensam que, por conta de seu passado marcado por pecados, erros e tropeços, não merecem participar do Reino ou estar na presença do Rei. A grande questão é que essa leitura das circunstâncias pode nos afastar do chamado divino e de Sua presença. Todos somos indignos, mas o sangue de Cristo nos traz dignidade e nos tira da posição de condenação para nos justificar diante de Deus. Essa verdade precisa nos empurrar para mais perto d'Ele. Sozinhos somos incapazes, mas com Ele somos aptos a vencer. Paulo entendeu essa revelação; tanto é que o capítulo de 1 Coríntios 15 continua dizendo:

> Mas, **pela graça de Deus, sou o que sou**. E a sua graça, que me foi concedida, não se tornou vã. Pelo contrário, **trabalhei muito mais do que todos eles**; todavia, **não eu, mas a graça de Deus comigo**. (1 Coríntios 15.10 – grifo do autor)

Se considerarmos a história dos demais apóstolos e compararmos com a de Paulo, podemos cair no equívoco de concluir que ele não merecia ter uma vida com Deus. No entanto, sua mensagem anunciava que aquilo que ele era ou fazia não dependia de seus antecedentes, ou de sua habilidade natural, mas unicamente da consciência do poder da ação da graça do Senhor. E nós precisamos entrar nessa mesma dimensão de entendimento — de que nós dependemos da atuação da graça em nossas vidas, tanto para ser como para fazer.

Desse modo, ao afirmar: "Quando sou fraco é que sou forte", Paulo o fez porque Deus lhe disse: "O meu poder se aperfeiçoa na fraqueza". Ou seja, é como se o Eterno dissesse que o espaço necessário para manifestar o Seu poder em nossas vidas, a porta de entrada,

DOIS TIPOS DE REVELAÇÃO

fosse justamente as nossas fraquezas e limitações. É a convicção de que a Sua força pode trabalhar em nós, transformar-nos e nos capacitar, que nos levará ao lugar que Ele quer que cheguemos. Não é o sentimento de que não temos mais fraquezas que nos tornará úteis; muito pelo contrário, é o entendimento dessa fraqueza que nos colocará no lugar de contínua dependência de Deus e permitirá que Ele faça algo **em** e **através** de nós.

Em contrapartida, perceber a nossa força n'Ele também pode nos ajudar a acreditar que podemos realizar grandes coisas. Um texto que marcou a minha vida, desde a adolescência, foi: "[...] Que o fraco diga: 'Eu sou forte'" (Joel 3.10). Deus conhece as nossas fraquezas e também quer que as reconheçamos. É por esse motivo que Ele manda o fraco dizer que é forte.

Certa ocasião, participei de um culto em que um pregador trouxe uma mensagem de fé muito poderosa e com boa base bíblica, porém, em dado momento, ele usou um argumento, baseado nesse texto, que tive de discordar. Ele disse: "Quando Deus diz: '[...] Que o fraco diga: Eu sou forte', está afirmando que não podemos ficar falando que somos fracos, porque não somos. Deus nos vê como fortes, e não como fracos, por isso não podemos ficar falando de nossa fraqueza, temos de falar de nossa força".

Enquanto ouvia, fiquei resmungando comigo mesmo: "Mas Deus chamou o fraco de fraco". Ao dizer "Que o fraco diga [...]", o Senhor classificou o fraco como fraco. Se fôssemos Lhe perguntar o que o Senhor quis dizer com esse rótulo, Ele, provavelmente, responderia: "Fraco, fraquinho, fracote". Agora, frente a isso, o que Deus mandou foi que a declaração do fraco mudasse. Por quê? Porventura Ele queria que mentíssemos ao não admitir nossa fraqueza? Não, de modo algum! Observe a passagem:

— Proclamem isto entre as nações: "**Declarem guerra** santa e **convoquem os valentes**. Que todos os **homens de guerra** se apresentem e se preparem.

CAPÍTULO 2

> Transformem as suas lâminas de arado em espadas, e as suas foices, em lanças. **Que o fraco diga: 'Eu sou forte'**". (Joel 3.9-10 – grifo do autor)

No contexto, o Senhor fala a respeito de apregoar uma guerra santa, ou seja, a Sua batalha. Então, menciona um exército que estava sendo levantado de improviso. Ao dizer: "Convoquem os valentes", Deus não falava apenas de alguém corajoso. Na realidade, essa é a forma como se referiam àqueles que iriam à guerra. Para os guerreiros, era "tudo ou nada". É por isso que quando a Bíblia diz que os filhos são como flechas nas mãos do valente, está se referindo a um guerreiro. Sendo assim, em Joel 3, Deus estava afirmando: "Levantem, suscitem os guerreiros, vamos levantar esse exército". E Ele aponta que até as armas seriam improvisadas: "Transformem as suas lâminas de arado em espadas, e as suas foices, em lanças".

A mensagem, de forma descomplicada, era: "Você não vai lutar apenas porque está sendo arregimentado ao Meu exército; a partir do momento em que Eu o chamo para lutar as Minhas guerras, você não guerreará com sua força ou com a falta dela (que define a sua fraqueza). Portanto, mude o seu discurso quando entrar no Meu exército e comece a dizer: eu sou forte".

Nessa passagem, o Senhor nos comunica mais uma vez que, além de admitir nossas fraquezas, precisamos enxergar a capacitação que vem d'Ele, e é por essa razão que necessitamos da combinação desses dois elementos.

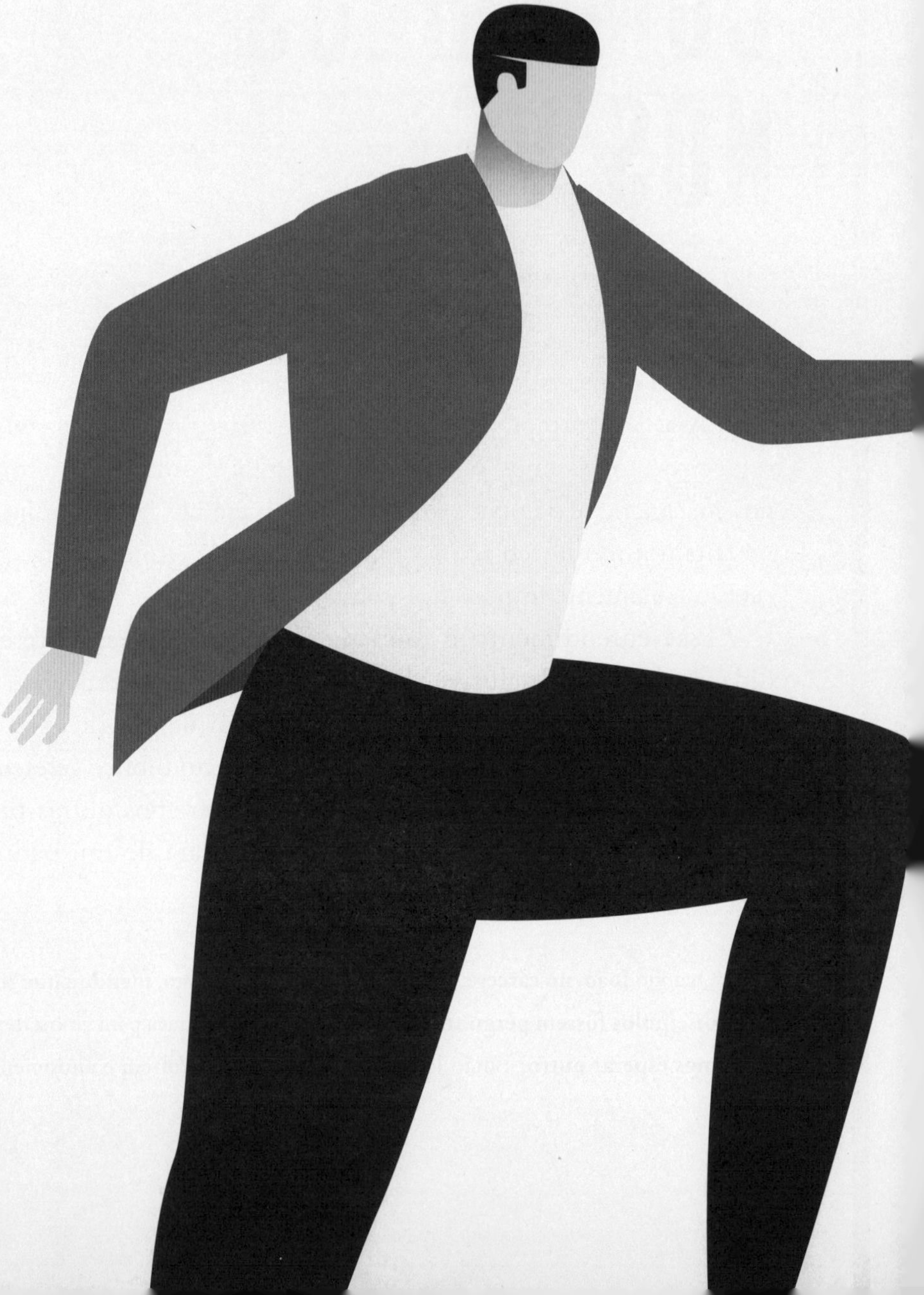

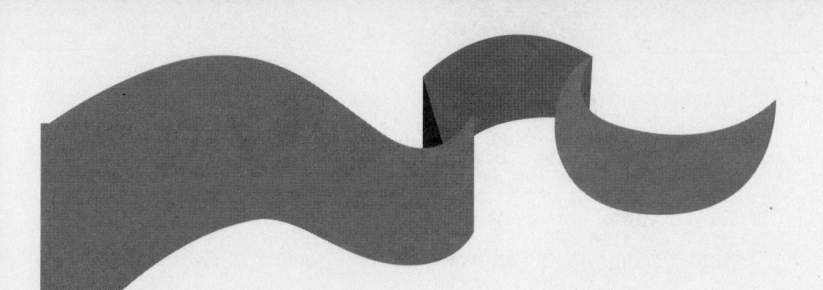

Capítulo 3
COMO DEUS NOS VÊ

Estou convencido de que um dos grandes desafios da caminhada cristã seja alcançarmos, à luz da Palavra de Deus, uma visão correta a respeito de nós mesmos. No próximo capítulo, abordarei sobre como nos enxergamos e o impacto que isso produz em nossas vidas. Agora, no entanto, reconheço ser necessário tratar primeiro de outra percepção igualmente importante: como Deus nos vê.

Esse entendimento é fundamental na construção pretendida nesta obra. Inclusive, há um episódio no ministério de Cristo que auxilia na compreensão desse princípio. É em virtude disso que, inicialmente, avaliaremos o texto bíblico referente a esse acontecimento, e, em seguida, percorreremos outras porções das Escrituras para comprovar que se trata de um padrão biblicamente fundamentado:

Quando **João, no cárcere**, ouviu falar das obras de Cristo, **mandou que seus discípulos fossem perguntar**: — Você é aquele que estava para vir **ou devemos esperar outro**? Então Jesus lhes respondeu: — **Voltem e anunciem a**

João o que estão ouvindo e vendo: os cegos veem, os coxos andam, os leprosos são purificados, os surdos ouvem, os mortos são ressuscitados e aos pobres está sendo pregado o evangelho. E **bem-aventurado é aquele que não achar em mim motivo de tropeço**. Quando os discípulos de João foram embora, **Jesus começou a dizer ao povo a respeito de João**: — O que vocês foram ver no deserto? Um **caniço agitado pelo vento**? O que vocês foram ver? Um homem vestido de roupas finas? Os que vestem roupas finas moram nos palácios reais. Sim, o que foram ver? Um profeta? Sim, eu lhes digo, e **muito mais do que um profeta**. Este é aquele de quem está escrito: "Eis que eu envio adiante de você o meu mensageiro, que preparará o caminho diante de você." — Em verdade lhes digo: entre os nascidos de mulher, **não apareceu ninguém maior do que João Batista**; mas o menor no Reino dos Céus é maior do que ele. Desde os dias de João Batista até agora, o Reino dos Céus sofre violência, e os que usam de força se apoderam dele. Porque todos os Profetas e a Lei profetizaram até João. E, se vocês o querem reconhecer, ele mesmo é Elias, que estava para vir. **Quem tem ouvidos para ouvir, ouça.** (Mateus 11.2-15 – grifo do autor)

Quero destacar, primeiramente, de forma resumida, algumas verdades dessa crise de fé de João Batista e as três lições principais que podemos extrair dela:

1. **Jesus reconhece a fraqueza e a limitação humana:** João Batista foi classificado pelo próprio Cristo como o maior entre os nascidos de mulher. Isso não significa, entretanto, que esse memorável profeta não carregasse a fraqueza e a limitação de todos os humanos. Assim como foi dito de Elias, João Batista também "[...] era homem semelhante a nós, sujeito aos mesmos sentimentos [...]" (Tiago 5.17). Porém, vale ressaltar que essa fraqueza não foi ignorada por nosso Senhor, mas repreendida;

2. **Jesus considera os "dois lados da moeda":** apesar de ter confrontado o erro de João, Cristo destacou suas virtudes e o exaltou

diante da multidão. Isso revela que Ele enxerga "os dois lados da moeda", ou seja, vê em nós tanto defeitos como virtudes;

3. **Jesus enfatiza os acertos, e não erros:** mesmo enxergando ambos, é evidente que Cristo escolheu focar nas virtudes, e não nos defeitos de Seu precursor. Em outros termos, tanto um quanto o outro foram igualmente notados, mas não receberam "o mesmo peso".

O extrato dessas lições parece ser bem claro para mim: nossos erros devem ser reconhecidos, de outra forma, não serão tratados; contudo, eles não devem nos definir. Costumo afirmar que um entendimento errado a respeito de algo nos leva a uma crença errada, e esta, por sua vez, conduz ao alvo errado. Portanto, só um entendimento certo nos conduzirá a uma crença correta, que, por fim, nos guiará ao destino exato.

A FRAQUEZA HUMANA

A primeira lição está relacionada com a evidente fraqueza de João Batista [reflexo da sua humanidade], demonstrada em sua crise sobre Jesus ser ou não o Messias.

O contraste de convicção revelado por João Batista entre o início e o fim de seu ministério é gritante. Perceba como o Evangelho de João começa registrando o testemunho contundente que o profeta deu sobre Cristo:

> No dia seguinte, vendo que Jesus vinha em sua direção, João disse: — Eis o Cordeiro de Deus, que tira o pecado do mundo! **Este é aquele a respeito de quem eu falava**, quando disse: "Depois de mim vem um homem que é mais importante do que eu, porque já existia antes de mim." Eu mesmo não o conhecia, mas **vim batizando com água a fim de que ele fosse manifestado a Israel**. E João testemunhou, dizendo: — **Vi o Espírito descer do**

céu como pomba e pousar sobre ele. Eu não o conhecia; aquele, porém, que me enviou a batizar com água me disse: "Aquele sobre quem você vir descer e pousar o Espírito, esse é o que batiza com o Espírito Santo." Pois **eu mesmo vi e dou testemunho de que ele é o Filho de Deus**. (João 1.29-34 – grifo do autor)

O precursor do Messias falou claramente a respeito da visão que teve [um sinal que o Senhor havia dado para reconhecer quem era o Cristo], e também atestou ser Jesus o enviado de Deus. Posteriormente, quando seus discípulos se aborreceram com o crescimento do ministério de Cristo e o fato de Ele estar batizando mais pessoas do que o próprio João Batista (cf. João 4.1), o profeta esclareceu que deveria sair de cena e dar o protagonismo a Jesus, o Cristo:

João respondeu: — Ninguém pode receber coisa alguma se não lhe for dada do céu. Vocês mesmos são testemunhas de que eu disse: "**Eu não sou o Cristo, mas fui enviado como o seu precursor.**" O que tem a noiva é o noivo; o amigo do noivo que está presente e o escuta se alegra muito por causa da voz do noivo. Pois essa alegria já se cumpriu em mim. **Convém que ele cresça e que eu diminua**. Quem vem das alturas certamente **está acima de todos**; quem vem da terra é terreno e fala da terra. Quem veio do céu está acima de todos e dá testemunho daquilo que viu e ouviu, mas ninguém aceita o seu testemunho. Quem, porém, **aceita o testemunho que ele dá certifica que Deus é verdadeiro**. Pois **aquele que Deus enviou** fala as palavras de Deus, porque Deus não dá o Espírito por medida. **O Pai ama o Filho e entregou todas as coisas nas mãos dele**. Por isso, **quem crê no Filho tem a vida eterna**; quem se mantém rebelde contra o Filho não verá a vida, mas sobre ele permanece a ira de Deus. (João 3.27-36 – grifo do autor)

Nascido milagrosamente de pais que não podiam ter filhos (cf. Lucas 1.7), João recebeu, por meio de seu pai, um de seus primeiros apontamentos proféticos: "E você, menino, será chamado profeta do

Altíssimo, porque precederá o Senhor, preparando-lhe os caminhos, para dar ao seu povo conhecimento da salvação, por meio da remissão dos seus pecados" (Lucas 1.76-77). Antes disso, o anjo Gabriel, ao anunciar a concepção de João Batista, declarou: "Pois ele será grande diante do Senhor, não beberá vinho nem bebida forte, e será cheio do Espírito Santo, já desde o ventre materno. Ele converterá muitos dos filhos de Israel ao Senhor, seu Deus. E irá adiante do Senhor no espírito e poder de Elias, para converter o coração dos pais aos filhos, converter os desobedientes à prudência dos justos e habilitar para o Senhor um povo preparado" (Lucas 1.15-17).

Quando somamos todas as declarações sobre o propósito divino na vida do profeta, as revelações que ele teve do próprio Deus sobre quem era o Messias e os resultados singulares de seu ministério, imaginamos que jamais haveria espaço para a dúvida. Contudo, esse extraordinário homem de Deus deu evidentes sinais de fraqueza depois de preso. Hernandes Dias Lopes[1] comenta esse ocorrido com as seguintes palavras:

> Este episódio foi registrado apenas por Mateus e Lucas. Jesus está num ritmo intenso de trabalho. Ele não apenas dá instruções a seus discípulos e os envia a pregar, mas também os comissiona a ensinar e a pregar nas cidades deles (11.1). É no meio dessa azáfama evangelística intensa de Jesus que João Batista, da prisão de Maquerós, a leste do Mar Morto, envia mensageiros a Jesus expressando as angústias de sua alma. O filho do deserto está preso. O ministério de Jesus cresce, enquanto João Batista é esquecido na prisão. Os milagres de Jesus são notórios, enquanto o seu precursor vive na escuridão lôbrega do cárcere. As multidões fluem a Jesus e recebem os seus milagres, enquanto João amarga o ostracismo de uma prisão imunda no calor escaldante do deserto da Judeia. Concordo com Tasker quando ele diz que João, embora uma figura única na história bíblica, não era um

---

[1] Hernandes Dias Lopes é pastor, teólogo, conferencista e escritor, com mais de 150 livros publicados.

super-homem. Ele estava sujeito, como todos os seres humanos, à depressão e à decepção. Não surpreende, pois, que, quando confinado ao cárcere, na fortaleza de Maquerós, junto ao Mar Morto, depois de ter sido detido por Herodes, estivesse ficando impaciente e começando a perguntar por que Jesus não afirmava suas prerrogativas messiânicas de modo mais categórico e aberto. Talvez ele também esperasse que, se Jesus fosse o Messias, asseguraria a sua libertação do cárcere, onde era vítima das perversas maquinações de Herodes e Herodias.[2]

Os registros bíblicos indicam que os grandes homens e mulheres de Deus eram gente como a gente. Além de João Batista e Elias, Jeremias é um outro exemplo disso. Repare como ele desabafava diante do Senhor: "Tu me persuadiste, Senhor, e eu fui persuadido. Foste mais forte do que eu e prevaleceste. Sou motivo de riso o dia inteiro; todos zombam de mim. Porque, sempre que falo, tenho de gritar e clamar: 'Violência e destruição!' Por causa da palavra do Senhor, sou objeto de deboche e de zombaria o tempo todo" (Jeremias 20.7-8). O profeta chegou a amaldiçoar o dia do seu nascimento e preferir o aborto (cf. Jeremias 20.14-18).

De igual modo, Paulo assegura que se desesperou diante de adversidades que ele classificou como além de suas forças: "Porque não queremos, irmãos, que vocês fiquem sem saber que tipo de tribulação nos sobreveio na província da Ásia. Foi algo acima das nossas forças, a ponto de perdermos a esperança até da própria vida" (2 Coríntios 1.8).

E o mesmo João Batista que, anteriormente, tinha atestado que Jesus era o Cristo, tempos depois enviou-lhe mensageiros, questionando se, de fato, Ele era o Messias ou se deveriam esperar por outra pessoa que cumprisse as profecias. É evidente que o cárcere deve ter contribuído com o agravamento da crise do profeta. Além disso, as

---

[2] LOPES, Hernandes Dias. **Comentário expositivo do Novo Testamento**, volume 1. São Paulo: Hagnos, 2019, páginas 266 e 267.

expectativas dos judeus acerca do Ungido de Deus envolviam, principalmente, a vinda de um general de guerra, alguém que os libertasse do jugo do Império Romano, e nada disso parecia estar acontecendo.

Ainda assim, é difícil definir quais seriam as dúvidas de João Batista e o que o fez questionar se Jesus era o Cristo. Porém, considerando elementos da natureza humana, como o nosso pensamento comum, podemos supor — sem necessariamente concluir — algumas coisas. Hernandes Dias Lopes elenca quatro possibilidades:

> 1) Como conciliar as maravilhas que Jesus opera com a dolorosa situação que o atinge? 2) Como conciliar o silêncio de Jesus com a urgente necessidade de seu precursor? 3) Como conciliar a não intervenção de Jesus com a mensagem de juízo que ele anunciara sobre o Messias? 4) A dúvida de João é alimentada não pelo calabouço, mas por expectativas não correspondidas [...][3]

Vale ressaltar que a crise de João Batista é apenas um indicador do que cada um de nós pode vivenciar. Não estou justificando a ideia de sucumbir à crise, de modo algum; obviamente ela deve ser vencida. Destaco apenas que a própria Escritura, que revela que podemos vencer as crises, prepara-nos para a realidade de ter de enfrentá-las: "Por isso, peguem toda a armadura de Deus, para que vocês possam resistir no dia mau e, depois de terem vencido tudo, permanecer inabaláveis" (Efésios 6.13). Qual seria a necessidade de uma orientação para se resistir no dia mau e ainda permanecer inabaláveis se não fôssemos tão vulneráveis [mesmo depois de alcançarmos vitórias]?

Após operarem um milagre em um paralítico de nascença, Barnabé e Paulo asseveraram ao povo de Listra que queria creditar a eles posição de divindade: "[...] Nós também somos seres humanos como vocês, sujeitos aos mesmos sentimentos [...]" (Atos 14.15). Isso indica que nem em nossos melhores momentos, depois de provarmos

---

[3] *Ibid.*, página 268.

a manifestação da graça e da unção do Alto, levando-nos a resultados sobrenaturais, podemos pensar de modo diferente. Ainda somos frágeis e limitados.

OS DOIS LADOS DA MOEDA

A segunda lição que extraímos da crise de João Batista é que Jesus enxerga "os dois lados da moeda"; Ele percebe os defeitos e as virtudes, os erros e acertos.

Isso fica claro quando Cristo exorta João Batista por meio dos dois mensageiros que ele Lhe enviara (cf. Lucas 7.18-23). Primeiramente, Jesus enfatizou que testemunhassem a João acerca dos Seus milagres — que também apontavam para o cumprimento das profecias messiânicas (cf. Isaías 35.5-6) — além do fato de o Evangelho estar sendo pregado aos pobres (cf. Isaías 61.1) — outra evidência cumprida. Então, acrescentou a exortação que deveria ser levada a Seu precursor: "E bem-aventurado é aquele que não achar em mim motivo de tropeço" (Mateus 11.6). Jesus, com esses últimos dizeres, estava lembrando e encorajando a João que permanecesse firme na fé e não encontrasse motivo de escândalo n'Ele. Cristo não ignora as nossas faltas, tampouco quer que as ignoremos. O mesmo aconteceu em relação às mensagens dirigidas às sete igrejas da Ásia, em Apocalipse.

O problema é que, muitas vezes, temos dificuldade de enxergar nossas falhas por nós mesmos. Como declarou o salmista: "Quem há que possa discernir as suas próprias faltas? Absolve-me das que me são ocultas" (Salmos 19.12). Agora, o fato de enxergarmos o cisco no olho de um irmão e não vermos a trave em nosso próprio olho não indica nossa dificuldade de ver defeitos, mas de enxergá-los em **nossa** própria vida. Se tivéssemos tal impasse, não veríamos o cisco no olho dos outros. O que acontece, entretanto, é a dificuldade de enxergar **os nossos** defeitos.

> Um entendimento errado a respeito de algo nos leva a uma crença errada, e esta, por sua vez, conduz ao alvo errado.

CAPÍTULO 3

E é justamente por esse motivo que haverá momentos em que o próprio Senhor trará à tona algumas de nossas falhas e tropeços. Sem essa ajuda divina, nunca enxergaríamos as áreas que requerem aperfeiçoamento.

Eu me lembro que, logo no início do meu ministério, enfrentando uma crise enorme com relação às minhas próprias limitações, ouvi uma mensagem do pastor Francisco Gonçalves, que, por muitos anos, compôs nossa equipe pastoral na Comunidade Alcance, em Curitiba, e que em 2020 partiu para o Lar Celestial. Ainda recordo do título nada usual daquela pregação: "Qual foi a última vez que o galo cantou em sua vida?". A mensagem foi baseada na seguinte conversa entre Pedro e Jesus:

> Pedro disse: — Senhor, por que não posso segui-lo agora? Darei a minha vida pelo senhor. Jesus respondeu: — Você dará a sua vida por mim? Em verdade, em verdade lhe digo: antes que o galo cante, três vezes você me negará. (João 13.37-38)

A intenção era mostrar que não somos tudo o que achamos ser. Pedro acreditava estar pronto para dar a sua vida pelo seu Senhor; não imaginava inadequação para tal como, também, que viria negar a Cristo após o canto repetido de um galo. A princípio, parecia ser somente um indicativo meramente cronológico, porém as Escrituras retratam que, ao ouvir o galo cantar, Pedro se recordou daquilo que Jesus lhe dissera:

> Então ele começou a praguejar e a jurar: — Não conheço esse homem! E no mesmo instante **o galo cantou. Então Pedro se lembrou da palavra que Jesus lhe tinha dito**: "Antes que o galo cante, você me negará três vezes." E Pedro, saindo dali, chorou amargamente. (Mateus 26.74-75 – grifo do autor)

Na ocasião em que pregou a mensagem, o pastor Francisco afirmou que o "canto do galo" era uma espécie de **lembrete** daquelas limitações que não conseguimos enxergar e, às vezes, quando sinalizado por outros, recusamo-nos a aceitar. O fato é que, se não percebemos tais defeitos, também não nos permitimos ser tratados por Deus. Somente após Isaías reconhecer ser um homem de lábios impuros é que uma brasa foi colocada sobre seus lábios e o processo santificador se manifestou (cf. Isaías 6.5-7).

Entretanto, Deus não vê só os nossos erros. Diante de um Pedro que O havia negado, Jesus também enxergava um apóstolo que cresceria em amor e maturidade a ponto de morrer por Ele em outra ocasião:

> Em verdade, em verdade lhe digo que, quando era mais moço, você se cingia e andava por onde queria. Mas, quando você for velho, estenderá as mãos, e outro o cingirá e o levará para onde você não quer ir. **Jesus disse isso para significar com que tipo de morte Pedro havia de glorificar a Deus**. Depois de falar assim, Jesus acrescentou: — Siga-me. (João 21.18-19 – grifo do autor)

O mesmo Pedro que assegurou que morreria por Jesus, e além de não cumprir, ainda O negou, ouviu do seu Salvador que, no futuro, ele viria cumprir sua promessa de morrer por Ele. Em outras palavras, nosso Senhor dizia: "Seu amor crescerá. Um dia, você estará pronto para aquilo que ainda não pôde manifestar até agora". Isso não é maravilhoso? Cristo não focou nos tropeços do passado ou nas limitações do presente; Ele se concentrou no crescimento futuro. Deus jamais removerá a esperança de restauração de qualquer um de nós. Aliás, cito aqui um comentário acerca da maneira como o Altíssimo trata conosco, extraída de meu livro *De todo o coração*:

> Deus não ajuda o homem a avaliar a si mesmo com o objetivo de apontar que ele está aquém do que deveria, gerando condenação e desânimo. Ele deseja impulsionar, e não triturar. Como está escrito: "Não esmagará a cana quebrada, nem apagará o pavio que fumega" (Isaías 42.3 – NAA).[4]

---

[4] SUBIRÁ, Luciano. **De todo o coração**: vivendo a plenitude do amor ao Senhor. São Paulo: Hagnos, 2020.

CAPÍTULO 3

Demorei para entender esse versículo. Cresci no ambiente predominantemente urbano das grandes cidades de São Paulo. Fui criado na "selva de pedra". Aos 20 anos, quando comecei a pastorear, mudei-me para o interior do Paraná. E foi lá, na cidade de Guarapuava, que passei a conhecer o contexto da agricultura.

Certo dia, Robert Ferter, um amigo, conduziu-me em um *tour* por sua fazenda. A ideia era apresentar-me uma nova realidade, até então pouco conhecida por mim. Enquanto executava seu trabalho como engenheiro agrícola, Robert me explicava tudo o que fazia e como as coisas se davam naquele ambiente de plantio e colheita. Em um dos momentos do passeio, atravessamos, de caminhonete, uma plantação de trigo ainda verde. Meu amigo parava aqui e acolá para colher amostras e, logo depois, avançava. Enquanto seguíamos, eu observava, pelo retrovisor, o rastro de trigo amassado que ficava pelo chão onde passava o automóvel. Depois de cerca de meia hora "atropelando" trigos, não me contive e perguntei:

— Você faz isso todo dia? Sempre "atropela" o trigo por horas assim?

Diante da confirmação dele, deixei transbordar um pensamento que acusava minha completa ignorância sobre o assunto:

— Daqui a pouco não haverá mais trigo! Esmagando tudo com a caminhonete, você vai acabar com a plantação.

Ele começou a rir e parou o automóvel, pedindo que eu descesse para ver o que ele queria mostrar. Apontou para o rastro de trigo que acabara de ser criado pelas rodas da caminhonete e perguntou:

— Você acha que esse trigo não se levanta mais?

— Tenho certeza que não! Quanto pesa esse veículo que passou por cima dele?

Sem zombar do meu desconhecimento, ele apenas sorriu e apontou para outro rastro atrás de mim. O trigo amassado estava apenas um pouco mais baixo que o restante da plantação; aproximadamente um palmo.

— Ali foi onde eu passei duas semanas atrás.

Minha mente se recusava a acreditar. Então, Robert mostrou mais um rastro que, por sua vez, era cerca de dois palmos mais baixo que o trigo intacto. Ele completou:

— Aquele ali foi por onde passei semana passada.

Tudo dentro de mim queria gritar que aquilo não podia ser verdade, e minha boca não aguentou. Foi quando Robert se agachou para tocar um dos talos quebrados, e disse:

— Vou mostrar como tornar impossível que o trigo se recupere e levante.

Com os dedos, esmagou o lugar exato em que o caule já estava quebrado. E voltou a dizer:

— Esse não se levanta nunca mais.

Na hora, o texto de Isaías veio à minha mente: "Não quebrará o caniço rachado [...]" (Isaías 42.3 – NVI). Por meio dessa passagem, Deus estava dizendo que não roubaria de nós, que fomos "atropelados" pelas circunstâncias, a esperança de nos reerguermos. A mensagem, portanto, é sobre restauração. Trata-se do coração do Pai Celestial, que não está esperando para destruir-nos após algum erro, mas que sempre oferece misericórdia e possibilidade de recomeço.

O Senhor quer que sigamos para aquilo que ainda não alcançamos. Foi o que Cristo fez com Pedro — Ele sinalizou que o amor poderia crescer.

Jesus enxergou tanto o tropeço inicial como o aperfeiçoamento posterior de Simão. Ele não viu somente um dos aspectos, mas enxergou ambos, e sabia que o lado positivo superaria o negativo. O mesmo se deu com João Batista. Após despedir os mensageiros do profeta, Cristo o exaltou perante a multidão. Ele foi capaz de reconhecer as fraquezas e forças de João Batista, que, assim como nós, tinha esses dois lados. O segredo, portanto, é não ignorarmos um deles, mas entendermos a importância de reconhecer ambos os aspectos.

CAPÍTULO 3

ONDE ESTAVA A ÊNFASE?

Mas há algo a mais do que apenas reconhecer que Deus vê "os dois lados da moeda": fraqueza e força, defeitos e virtudes. E, para entender essa verdade, basta que questionemos: onde Jesus colocou **ênfase**? Na vida **toda** de João Batista. Cristo não ignorou o aspecto negativo, mas frisou o positivo. Jesus afirmou que João não era um "[...] caniço agitado pelo vento [...]" (Mateus 11.7); essa é uma figura de volubilidade e inconstância. Mas não era exatamente isso que João Batista havia acabado de demonstrar? Ao questionar se Jesus era mesmo o Cristo ou se deveriam esperar outro, certamente o profeta demonstrou um **momento** de volubilidade e inconstância. Contudo, um único momento não define a história de alguém. Como diz o dito popular: "Não se avalia um time por uma única partida".

Alguns cristãos precisam parar de focar somente em seus erros e tropeços, especialmente quando eles não compõem a totalidade de sua história. Pedro, por exemplo, não vivia negando Jesus; tropeçou uma única vez nessa área, quando ainda era jovem e imaturo espiritualmente. Cristo, no entanto, ao olhar para ele, viu além do presente: enxergou aonde o apóstolo chegaria quando fosse mais velho e espiritualmente maduro. E, diante de defeitos e virtudes, nosso Senhor sublinhou as virtudes.

Não se trata de ignorar um aspecto em detrimento de outro, mas de enfatizar aquele que tem mais peso. O apóstolo Paulo nos ensinou a olhar de forma correta para as adversidades. Ele afirmou que "[...] os sofrimentos do tempo presente não podem ser comparados com a glória a ser revelada em nós" (Romanos 8.18) e também que: "[...] A nossa leve e momentânea tribulação produz para nós um eterno peso de glória, acima de toda comparação, na medida em que não olhamos para as coisas que se veem, mas para as que não se veem [...]" (2 Coríntios 4.17-18). Paulo não sugeria que fingíssemos que os problemas são inexistentes, apenas reconheceu que eles não podem se comparar com a glória a ser revelada. Ao chamar a tribulação de leve e atribuir peso à glória, o apóstolo, fazendo uso da alegoria da balança romana, indicava que o prato da glória pesava muito mais que o das adversidades.

Semelhantemente, Cristo não ignorou o erro de João Batista — como igualmente não ignorará os nossos —, mas reconheceu "o prato" das virtudes como sendo o mais pesado. Um outro exemplo bíblico a ser considerado é o de Davi. As Escrituras não escondem o seu pecado; mas também não o definem por ele:

> Porque Davi fez o que era reto aos olhos do Senhor e não se desviou em nada daquilo que o Senhor lhe havia ordenado, em todos os dias da sua vida, **a não ser no caso de Urias**, o heteu. (1 Reis 15.5 – grifo do autor)

A declaração acima foi feita muitos anos depois da morte de Davi, nos dias em que Abias, seu bisneto, reinava em Judá, na época do reino dividido. Esta é a definição de Davi: alguém que foi reto aos olhos do Senhor e não se desviou em nada daquilo que Ele lhe havia ordenado, em todos os dias da sua vida. O deslize do adultério cometido com Bate-Seba e a ordem sobre o homicídio de Urias é tratado como **exceção**, não como regra: "[...] **a não ser no caso de Urias**, o heteu" (1 Reis 15.5).

O pecado de Davi entrou para os anais da História. Contudo, não foi por meio dele que o salmista foi lembrado ao longo das Escrituras. Ele foi chamado de profeta tanto por Jesus (cf. Mateus 22.43) como pelos apóstolos (cf. Atos 2.29-30). Foi denominado como "servo de Deus" (cf. Atos 4.25), referido como alguém cuja linhagem viria o Cristo. Além disso, o seu tabernáculo foi o único que teve promessas de restauração (cf. Atos 15.16). É óbvio que não estou fazendo apologia ao pecado ou banalizando suas consequências. Certamente teria sido bem melhor se Davi não tivesse pecados. Entretanto, não podemos ser injustos; nessa **balança** bíblica sobre a

CAPÍTULO 3

vida do rei de Israel o **prato** de suas virtudes, dedicação ao Senhor e até mesmo seu arrependimento pesa bem mais do que o prato de sua **queda**.

A carta ao anjo da igreja de Éfeso também ilustra o que estou afirmando. Antes de fazer menção a um pecado [e requerer arrependimento e restauração], o Senhor Jesus elogia aquela igreja. Não só isso, mas, ao final da carta, Cristo volta a louvá-los. Observe:

> Conheço as obras que você realiza, tanto o seu esforço como a sua perseverança. Sei que você não pode suportar os maus e que pôs à prova os que se declaram apóstolos e não são, e descobriu que são mentirosos. Você tem perseverança e suportou provas por causa do meu nome, sem esmorecer. Tenho, porém, contra você o seguinte: você abandonou o seu primeiro amor. Lembre-se, pois, de onde você caiu. Arrependa-se e volte à prática das primeiras obras. Se você não se arrepender, virei até você e tirarei o seu candelabro do lugar dele. Mas você tem a seu favor o fato de que odeia as obras dos nicolaítas, as quais eu também odeio. (Apocalipse 2.2-6)

O que isso nos ensina? O mesmo princípio que vimos aplicado a João Batista e Davi. Nossos defeitos não têm o mesmo peso na balança que nossas virtudes. É evidente que não me refiro às pessoas que, deliberadamente, vivem no pecado e, vez ou outra, em caráter de exceção, buscam a Deus; muito pelo contrário. Falo de pessoas sérias e fiéis a Deus em sua história, mas que, muitas vezes, acabam se deixando definir por uma situação de falha ou imperfeição.

Na alegoria bíblica, é inegável a figura da sala do trono de Deus como um lugar de julgamento. Deus é apresentado como juiz e Cristo como nosso advogado:

> Meus filhinhos, escrevo-lhes estas coisas **para que vocês não pequem**. Mas, **se alguém pecar, temos Advogado junto ao Pai, Jesus Cristo**, o Justo. E ele é a propiciação pelos nossos pecados — e não somente pelos nossos próprios, mas

também pelos do mundo inteiro. E nisto sabemos que o temos conhecido: **se guardamos os seus mandamentos**. (1 João 2.1-3 – grifo do autor)

A ideia do apóstolo João não era banalizar o pecado. Ele começa dizendo que a instrução era justamente não pecar. Em seguida, termina dizendo a respeito de guardar os mandamentos de Cristo. Porém, não se pode negar a afirmação: "[...] Mas, se alguém pecar, temos Advogado junto ao Pai, Jesus Cristo, o Justo" (versículo 1).

Só há necessidade de advogado quando há um acusador. E essa função também está presente na alegoria bíblica do julgamento, sendo ocupada por Satanás: "[...] foi expulso o acusador de nossos irmãos, o mesmo que os acusa de dia e de noite diante do nosso Deus" (Apocalipse 12.10).

Frente a isso, a que conclusão chegamos? Que o papel de focar unicamente nos pecados, tropeços e falhas é de Satanás. Posso imaginar, nesse tribunal, o Diabo acusando Pedro de ter negado a Cristo e ainda enfatizando o fato de ele ter praguejado enquanto o fazia (cf. Marcos 14.71). O papel do Senhor Jesus, entretanto, é mais do que sustentar o arrependimento de quem pecou e derramar Sua provisão perdoadora. Cristo não advoga apenas tratando dos erros passados; Ele o faz enfatizando o crescimento e aperfeiçoamentos futuros, como foi com o apóstolo Pedro. Ele também, na qualidade de sumo sacerdote, é nosso intercessor, e este é o Seu ministério atual: "Por isso, também pode salvar totalmente os que por ele se aproximam de Deus, vivendo sempre para interceder por eles" (Hebreus 7.25).

Sendo assim, entender como Deus nos vê ensina-nos a reproduzir o Seu modelo. Afinal de contas, devemos ser "[...] imitadores de Deus, como filhos amados" (Efésios 5.1). Também está escrito: "Será que dois andarão juntos, se não estiverem de acordo?" (Amós 3.3). Como podemos, então, andar com Deus se discordarmos da forma como Ele nos vê? Entender como o Senhor nos enxerga deveria mudar a nossa maneira de olhar para nós mesmos e para os outros.

CAPÍTULO 3

É inquestionável que não podemos ignorar nossas falhas. Mas, por outro lado, é igualmente inaceitável deixar que elas nos definam. Somos mais do que os tropeços do passado e as limitações do presente; somos aquilo que Deus vislumbrou no que, para nós, definimos como futuro.

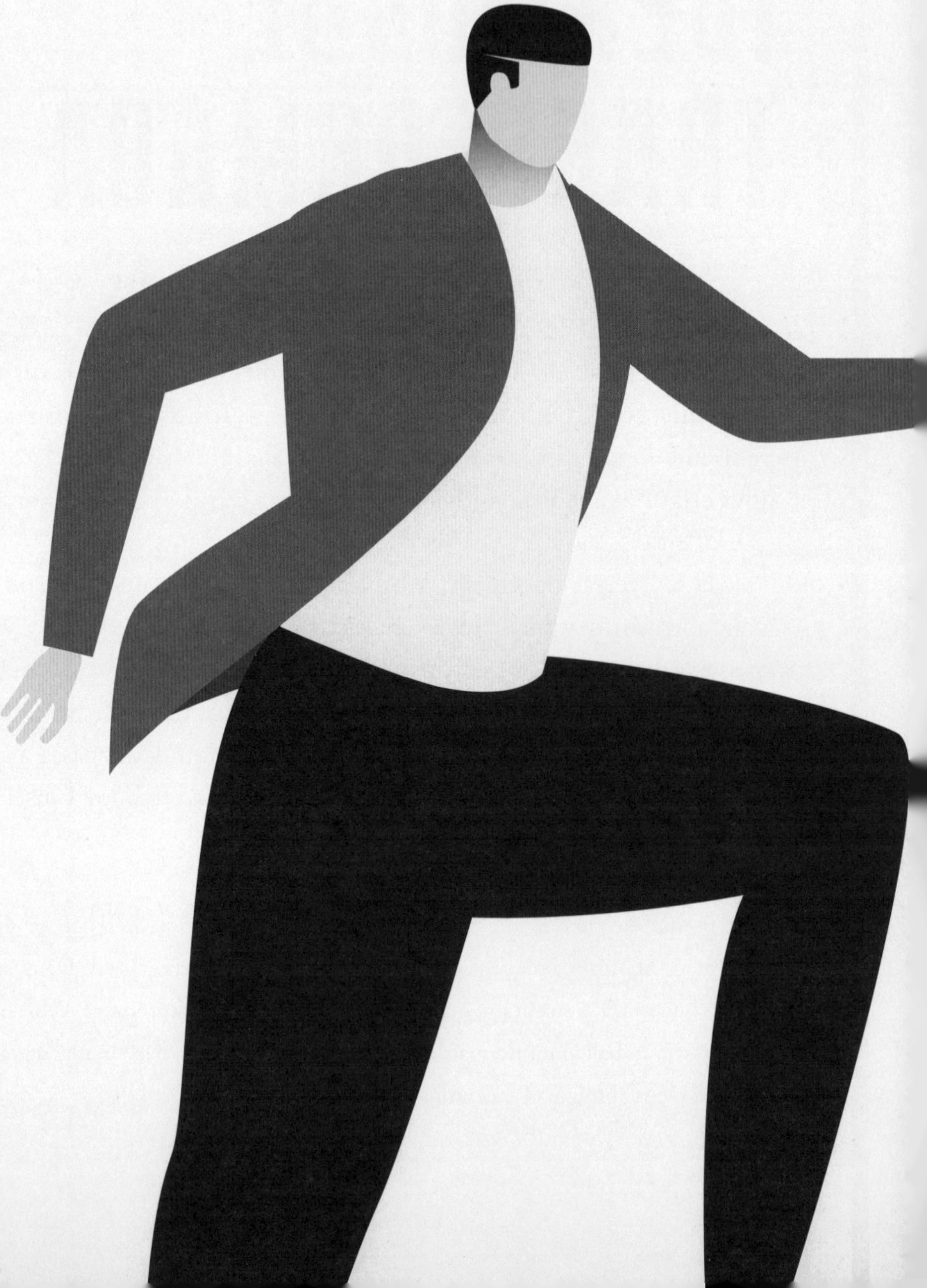

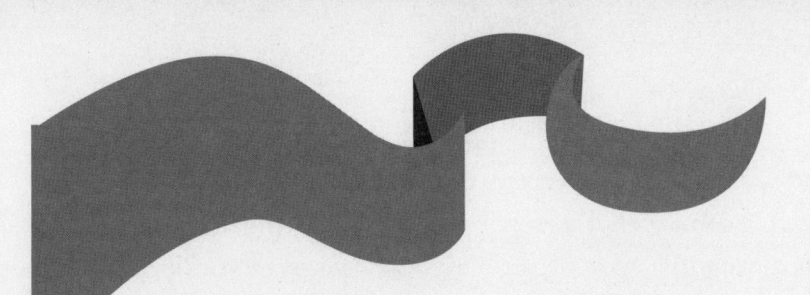

Capítulo 4
IDENTIDADE TRANSFORMADA

A experiência com Cristo muda completamente a nossa história, já que, como bem declarou Paulo, o ser humano é transformado pelo encontro com Jesus: "E, assim, se alguém está em Cristo, é nova criatura; as coisas antigas já passaram; eis que se fizeram novas" (2 Coríntios 5.17).

Em diversas passagens, a Bíblia Sagrada atesta que uma nova realidade acompanha a Nova Criação, pois a obra da Redenção não apenas nos limpa dos pecados passados; ela também transforma a nossa identidade. Então, aquela definição de nós mesmos, anteriormente escrita por uma história de rebeldia e iniquidade, passa a ser reformulada pela graça divina, depois do Novo Nascimento. Observe esta declaração de Paulo:

> Porque eu sou o menor dos apóstolos, e nem mesmo sou digno de ser chamado apóstolo, pois persegui a igreja de Deus. Mas, pela graça de Deus, sou o que sou. E a sua graça, que me foi concedida, não se tornou vã. Pelo contrário, trabalhei muito mais do que todos eles; todavia, não eu, mas a graça de Deus comigo. (1 Coríntios 15.9-10)

CAPÍTULO 4

Atente-se às palavras que refletem o passado do apóstolo dos gentios: "Porque eu sou o menor dos apóstolos, e nem mesmo sou digno de ser chamado apóstolo, pois persegui a igreja de Deus" (versículo 9). O reconhecimento de sua história de oposição ao Evangelho e perseguição aos cristãos remete a uma única conclusão: Paulo não merecia ser chamado de apóstolo com tal histórico. Na melhor das hipóteses, deveria ser considerado o menor entre eles.

Ao dizer que não era digno de ser chamado apóstolo, ele se referia à forma como pecara contra o Senhor. A perseguição praticada por ele era uma inegável expressão de zelo para com Deus, mas também um atestado de sua falta de entendimento, por isso, quando escreveu aos crentes romanos, Paulo mencionou acerca de pessoas "[...] que têm zelo por Deus, porém não com entendimento" (Romanos 10.2).

Além de reconhecer ter perseguido a Igreja, o fariseu convertido ainda admite que era o principal dos pecadores (cf. 1 Timóteo 1.15-16). Não creio que Paulo estivesse tentando estabelecer uma espécie de competição para constatar quem era o mais pecador, mas destacando a forma como precisamos nos enxergar. Tratei desse princípio no capítulo 2. A revelação envolve a "parte boa" de enxergar quem somos em Cristo e a "não tão boa" de visualizar a nossa condição de pecadores.

Poucos entendiam da Justificação, mas Paulo ensinou sobre o assunto como ninguém fez. Ele também entendeu e instruiu de modo profundo sobre a graça, mas em momento algum deixou de admitir a realidade de seu passado; ele não fingia que aquilo não havia acontecido. Não só isso, mas ele decidiu se posicionar de modo que seu passado não o definisse. Inclusive, afirmou que quem o definia era a maravilhosa graça de Deus: "Mas, pela graça de Deus, sou o que sou [...]" (1 Coríntios 15.10).

IDENTIDADE TRANSFORMADA

É A GRAÇA DE DEUS QUE NOS DEFINE

Em outras palavras, o homem de Tarso asseverava que não era fruto dos erros e pecados cometidos antes de seu encontro com Cristo, uma vez que a bendita graça divina o alcançara e mudara completamente sua história e identidade. Inclusive, foi essa mesma graça que o habilitou para uma dimensão de produtividade que, naturalmente falando, alguém que carregasse um passado como aquele jamais teria direito, se não fosse o favor imerecido de Deus. Isso o levou a testemunhar: "[...] trabalhei muito mais do que todos eles; todavia, não eu, mas a graça de Deus comigo". Há, inclusive, duas formas de entender essa frase. A primeira é que quando Paulo disse: "trabalhei muito mais do que todos eles", isso pode ser visto como uma comparação entre **indivíduos**. Desse modo, ele estaria dizendo que nenhum dos apóstolos havia superado seus feitos e realizações, não importava com quem ele se comparasse. E a segunda maneira de entender essa declaração, que particularmente acredito ser a correta, é que o apóstolo disse: "trabalhei muito mais do que todos eles", como uma comparação entre ele e **toda a equipe apostólica**. Assim, ele estaria dizendo: "Podem colocar os 12 apóstolos do Cordeiro juntos, somar suas realizações e constatar que eles não fizeram o que eu fiz". E isso é um fato. Enquanto eles focaram em trabalhar com judeus (não só em Israel, mas também na Dispersão), o apóstolo Paulo focou no ministério aos gentios e evangelizou o resto do mundo.

A graça pode nos levar a resultados que nada têm a ver com a nossa história e passado. Portanto, é muito importante entender que, de acordo com a perspectiva bíblica, o nosso passado não nos define. Se você cometeu todo tipo de pecado antes da conversão, saiba que não é a sua trajetória de pecados antigos que define aquilo que você pode ser para Deus hoje. Em contrapartida, se você sempre se conduziu de forma correta, isso também não o faz melhor do que ninguém.

CAPÍTULO 4

Eu, por exemplo, tive o privilégio de nascer e crescer em um lar cristão, e ser instruído na Palavra de Deus desde cedo. Como mencionei algumas páginas antes, fui cheio do Espírito Santo aos quinze anos de idade e me doei ao Senhor de todo o coração a partir dali. Entretanto, ter obedecido à Palavra de Deus, na verdade, não foi mais do que a minha obrigação. Isso não traz mérito nenhum nem me coloca em uma posição de privilégios, embora, às vezes, as pessoas insistam em acreditar nisso.

Relacionado a isso, houve uma vez, em uma conferência em que estava ministrando, que o Espírito Santo se moveu de forma tremenda. Eu mesmo tive uma experiência singular ao sentir que estava debaixo de uma unção fora do normal. No final, um irmão se aproximou e disse: "Pastor, estava observando Deus usá-lo hoje. Que privilégio o seu ter sido criado num berço cristão, consagrado a Deus desde criança... Não ter feito um monte de bobagens como eu fiz". A conversa se estendeu e fui concordando com ele, e, após um tempo, ele continuou a insinuar que a forma como Deus me usara tinha a ver com a minha história. Eu lhe disse que o outro pastor que ministrara comigo naquela conferência [e que havia sido ainda mais usado por Deus do que eu], fora iniciado na vida de prostituição ainda muito garoto, viveu no mundo das drogas, do crime e tinha até homicídio em sua ficha criminal. Adverti aquele irmão que ele carregava uma crença limitadora, pois era como se ele dissesse: "Eu nunca vou merecer ser usado por Deus". Mas isso não tem nada a ver com mérito.

A Palavra de Deus define, de forma muito clara, que tudo tem relação com a graça de Deus — desde a conversão até qualquer outra área da vida cristã. Paulo sabia que, se Deus atentasse apenas para a sua própria história, ele jamais poderia ser apóstolo; só o era por causa da graça. Não se tratava de seus próprios méritos; Deus é quem o chamou para ser apóstolo e o capacitou para tal.

A Palavra de Deus atesta: "Agora, pois, já não existe nenhuma condenação para os que estão em Cristo Jesus" (Romanos 8.1), logo

IDENTIDADE TRANSFORMADA

Deus não nos perdoa pela metade, ou 90%. Ele removeu completamente toda culpa e toda condenação, por isso está escrito: "Quem intentará acusação contra os eleitos de Deus? É Deus quem os justifica" (Romanos 8.33).

O Diabo gosta de nos acusar com o objetivo de nos envergonhar e enfraquecer. Porém, a verdade é que ele não tem nenhuma legalidade para isso, uma vez que não há mais espaço para condenação. Por isso, é importante que entendamos a nossa nova identidade em Cristo, como 2 Coríntios 5.17 nos revela.

A expressão "Nova Criatura" também pode ser traduzida como "Nova Criação" (conforme verificamos na Nova Versão Internacional), e transmite a ideia do Novo Nascimento — de sermos criados novamente, termos um recomeço, um novo início — que, cria, consequentemente, uma nova realidade e cumpre o famoso: "as coisas velhas se passaram e tudo se fez novo". Dessa maneira, origina-se um novo senso de identidade: o que passamos a ser em Cristo.

Essa identidade renovada não tem a ver com a nossas falhas, nem tampouco com nossas próprias habilidades e virtudes, mas, sim, com o que Deus fez por nós e nos disponibilizou em Cristo Jesus. Paulo conseguia tanto reconhecer seu passado pecaminoso quanto vislumbrar — por conta de sua história —, a manifestação da graça divina. Veja a forma como o apóstolo apresentou esses fatos a seu discípulo Timóteo:

> Dou graças a Cristo Jesus, nosso Senhor, que me fortaleceu e **me considerou fiel, designando-me para o ministério**, a mim, que, no passado, **era blasfemo, perseguidor e insolente**. Mas alcancei misericórdia, pois fiz isso na ignorância, na incredulidade. **Transbordou, porém, a graça** de nosso Senhor com a fé e o amor que há em Cristo Jesus. Esta palavra é fiel e digna de toda aceitação: que Cristo Jesus veio ao mundo para salvar os pecadores, dos quais eu sou o principal. Mas, por esta mesma razão, me foi concedida misericórdia, para que, em mim, que sou o principal pecador, Cristo Jesus pudesse mostrar

CAPÍTULO 4

a sua completa longanimidade, e eu servisse de modelo para todos os que hão de crer nele para a vida eterna. (1 Timóteo 1.12-16 – grifo do autor)

A sua primeira declaração foi reconhecer que Deus o considerou fiel e o designou para o ministério, sem ignorar o contraste de um passado pecaminoso: "a mim, que, no passado, era blasfemo, perseguidor e insolente [...]" (versículo 13). Agora, o que não podemos deixar de notar é o que está por trás dessa expressão da misericórdia divina: "Transbordou, porém, a graça de nosso Senhor com a fé e o amor que há em Cristo Jesus" (versículo 14).

Em outras palavras, Paulo sustentava que, justamente por seu histórico, a graça faria dele um exemplo do que a bondade e amor divinos poderiam fazer por qualquer outro pecador. A antiga realidade de Paulo era a de um homem que perseguia a Igreja, assassinava pessoas, prendia inocentes, e fazia tudo isso em nome de Deus. Alguém assim, naturalmente, não mereceria ser chamado de apóstolo. Contudo, diante de sua nova realidade, o que vemos é um homem que, além de apóstolo, tornou-se aquele que mais trabalhou em prol da expansão do Reino e do Corpo de Cristo. Por conta da consciência de sua história negativa, ele sabia que não havia chegado aonde chegou por merecimento. Somado a isso, ele também exaltou a graça divina, reconhecendo-a como a razão de ele ter feito tanto pelo Reino de Deus.

Admitir nossas fraquezas sem nos esquecer de exaltar a graça é um princípio importante que devemos aprender. O que não podemos perder de vista é que, nesse caso, se optamos um em detrimento do outro, o resultado é alterado. É claro que não se deve negar as fraquezas — como já mencionei —, nem aceitar que elas nos definam. Afinal, o reconhecimento de nossas imperfeições é o ponto de partida que nos permite ser aperfeiçoados pelo Senhor. O problema é que muitos acabam colocando as suas fraquezas acima da graça de Deus, e é aí que mora o perigo.

A Palavra nos apresenta dois exemplos de pessoas que caíram nesse erro, e que, ainda assim, o Altíssimo usou de forma singular para demonstrar que mesmo aqueles que têm sido usados por Deus ao longo da História podem enfrentar o mesmo tipo de dificuldade de acreditar que é possível serem instrumentos sobrenaturais do Senhor.

A razão para essa nossa dificuldade é que focamos em nossas próprias limitações sem considerar que o Senhor pode nos levar além delas. Aliás, no exemplo a seguir, em Êxodo 4, descobri que essa atitude também é uma forma de irritar o Deus longânimo e paciente.

O EXEMPLO DE MOISÉS

Nos capítulos 3 e 4, vemos como o Eterno se revelou a Moisés na sarça ardente. Ele o chamou para libertar o povo israelita, mas ele passou a dar várias desculpas para sustentar sua **desqualificação**: "[...] Ah! Senhor! Eu nunca fui eloquente, nem no passado, nem depois que falaste a teu servo, pois sou pesado de boca e pesado de língua" (Êxodo 4.10).

A Palavra de Deus revela que Moisés, antes mesmo de fugir do Egito, "[...] era poderoso em palavras e obras" (Atos 7.22). Portanto, falar não era um problema que o libertador dos israelitas sofria no passado. Alguns estudiosos sugerem que, quando Moisés afirma que era pesado de boca e de língua, essa era uma dificuldade relacionada à inibição, falta de eloquência e capacidade de comunicação; outros chegam a sugerir que ele era gago. Nada disso combina com o adjetivo "**poderoso** em palavras e obras". Entretanto, vale lembrar que havia 40 anos que ele estava cuidando de ovelhas, e não sabemos se o seu treino de comunicação tornou-se só o "*bééé*" do rebanho. O fato é que Moisés sustentava não ter a menor condição de cumprir o propósito de Deus. Mas o diálogo continua:

CAPÍTULO 4

O Senhor respondeu: — Quem fez a boca do homem? Ou quem faz o mudo, ou o surdo, ou o que vê, ou o cego? Não sou eu, o Senhor? Agora vá, **e eu serei com a sua boca e lhe ensinarei o que você deve falar**. (Êxodo 4.11-12 – grifo do autor)

Fico pensando como seria ouvir uma declaração dessas, diretamente do próprio Deus. Como seria maravilhoso ter uma manifestação divina, na minha frente, num lugar como o daquela sarça ardente — tão santo que seria preciso tirar as sandálias dos pés para permanecer ali —, e ouvir o Senhor afirmando: "Se você é limitado, se é pesado de boca, ruim de conversa, não importa; Eu vou ensiná-lo e capacitá-lo". Imagino-me, aos berros, glorificando a Deus. A solução do problema havia chegado!

Mas qual foi a reação de Moisés? O texto sagrado revela: "Porém Moisés respondeu: — Ah! Senhor! Envia alguém outro que quiseres enviar, menos a mim" (Êxodo 4.13). Era como se ele dissesse que qualquer um serviria, menos ele; que o Senhor seria capaz de colocar Seu plano em prática por meio de qualquer outra pessoa, menos através dele. Por isso, o resultado da conversa foi: "Então a ira do Senhor se acendeu contra Moisés [...]" (Êxodo 4.14). Se você quiser saber como tirar Deus do sério, eis aqui a receita. Prossiga apresentando desculpas, dizendo ao Senhor que nem Ele é poderoso para lhe usar, capacitar, nem lhe dar poder para fazer algo que naturalmente você não poderia.

O Criador se aborrece com esse tipo de desculpa, porque ela diminui quem Deus, de fato, é. Não é contraditório como, depois de exaltarmos ao Senhor, em nossos louvores, dizendo que Ele é grande e poderoso, acabamos afirmando, ainda que não verbalmente, que nem para escolher e usar alguém como nós Ele serve?

Deus é o nosso Criador, o "fabricante", e Ele sustenta que se há algum "defeito de fabricação" ele conhece bem (cf. Êxodo 4.11). Ou seja, naquele momento, Deus estava atestando a Moisés que se havia alguém que fabricou algo e entende da manutenção e conserto do "produto", é Ele. Mesmo se nem sequer pudéssemos falar, o Senhor ainda poderia abrir a nossa boca e nos dar condições de cumprir o Seu propósito.

O Eterno assevera que não necessitamos nos preocupar, nem mesmo atentar para as nossas limitações: "Eu serei com a sua boca e lhe ensinarei o que você deve falar". Mesmo assim, à semelhança de Moisés, acabamos respondendo: "Mas o Senhor não tem condição alguma de fazer isso". É de se admirar que a ira divina tenha se acendido contra o Libertador de Israel?

É necessário reconhecer que se passamos a dar desculpas, dizendo que não podemos cumprir o chamado de Deus, estamos afrontando o Senhor. Confesso que tenho dificuldade de entender essa incoerência do crente que canta louvores exaltando a fidelidade e grandeza do poder de Deus e, no entanto, quando o Senhor promete capacitá-lo e usá-lo, ele acaba insinuando — ainda que não verbalize isso — que o Altíssimo não é suficientemente poderoso para fazer isso ou que talvez esteja mentindo. Aliás, sobre tratá-lO como mentiroso, João testificou: "Aquele que crê no Filho de Deus tem, nele, esse testemunho. Aquele que **não dá crédito** a Deus **faz de Deus um mentiroso**, porque não crê no testemunho que Deus dá a respeito do seu Filho" (1 João 5.10 – grifo do autor).

Pare para pensar em como estamos classificando a Deus quando agimos dessa forma. Ao insinuarmos que nem mesmo o Senhor pode nos levar a essa posição, inevitavelmente, estamos declarando que Ele não é capaz de um bom serviço de "recrutamento e seleção". Se de fato cogitamos que o Altíssimo possa ter escolhido "a pessoa errada", então, conscientes disso ou não, fatalmente Lhe conferimos a posição de quem sequer sabe com quem pode contar. Se reagimos dessa maneira, rebaixamos o Criador à estatura de uma pessoa qualquer, ou, pior, de um homem sem caráter.

Precisamos perceber que o chamado de Deus é uma declaração não apenas de Sua confiança em quem somos, mas, principalmente, do Seu investimento em nós; ou seja, naquilo que nos tornaremos por meio da manifestação da graça divina.

Se o Altíssimo está dizendo que nos capacitará e ensinará o que falar, não há com o que nos preocuparmos. Se Ele estivesse nos chamando para agir baseados apenas em nossa própria habilidade, estaríamos perdidos. Felizmente, Deus colocou a situação em um patamar muito diferente: Ele mesmo nos levará a um lugar em que os Seus recursos se manifestarão em nossas vidas.

O que Moisés fez diante da Presença divina manifestada na sarça é um exemplo a não ser seguido, porém, esse não foi um comportamento exclusivo do Libertador de Israel. Há um outro a ser considerado.

O EXEMPLO DE JEREMIAS

A Escritura revela que Jeremias, assim como Moisés, também ofereceu escusas a Deus quando seu chamado ministerial foi detalhado:

> A palavra do Senhor veio a mim, dizendo: "Antes de formá-lo no ventre materno, eu já o conhecia; e, antes de você nascer, eu o consagrei e constituí profeta às nações". Então eu disse: — Ah! Senhor Deus! Eis que não sei falar, porque não passo de uma criança. Mas o Senhor me disse: **"Não diga: 'Não passo de uma criança.' Porque a todos a quem eu o enviar, você irá; e tudo o que eu lhe ordenar, você falará. Não tenha medo de ninguém, porque eu estou com você para livrá-lo"**, diz o Senhor. Depois, o Senhor estendeu a mão e tocou na minha boca. E o Senhor me disse: "Eis que ponho as minhas palavras na sua boca". (Jeremias 1.4-9 – grifo do autor)

Certamente, essa palavra não se limita apenas à vida de Jeremias. Embora tenha sido dirigida a ele, foi registrada a todos nós que servimos a Deus (cf. 1 Coríntios 10.11). Trata-se do Deus cauteloso esclarecendo que, antes mesmo de nos formar no ventre da nossa mãe,

Ele já nos conhecia, e nos consagrou para cumprir Seu propósito. Com tais palavras, o Senhor revela que cada um de nós já nasce com um propósito definido. Paulo, por exemplo, sabia que, mesmo antes de nascer, o propósito divino para ele já estava definido; ele atesta que Deus "[...] me separou antes de eu nascer e me chamou pela sua graça [...]" (Gálatas 1.15).

Devemos crer que o Senhor sonha e tem projetos para nós de forma pessoal e individual. No entanto, se não conseguirmos entender o que o Altíssimo enxerga em nós, também não conseguiremos correspondê-lO. Não foram poucas as vezes que a Bíblia nos revelou histórias de pessoas que Deus usou, e que, inicialmente, apresentaram essa mesma limitação. Jeremias foi um desses: "[...] Ah! Senhor Deus! Eis que não sei falar, porque não passo de uma criança" (Jeremias 1.6). À semelhança de Elias (cf. Tiago 5.17), Moisés e Jeremias eram pessoas parecidas conosco, sujeitas aos mesmos sentimentos. Porém, diante da desculpa do profeta, a resposta divina protestou: "[...] Não diga: 'Não passo de uma criança.' Porque a todos a quem eu o enviar, você irá; e tudo o que eu lhe ordenar, você falará" (Jeremias 1.7).

Ao asseverar ao profeta que não dissesse ser uma criança — termo que se refere a alguém que ainda não cresceu, que não tem a mesma maturidade de um adulto —, Deus direciona o foco ao fato de que Ele colocaria Suas palavras na boca de Jeremias. Logo, não havia necessidade de temer a falta de preparo que o assombrava nem o risco de não lhe darem ouvidos: "Não tenha medo de ninguém, porque eu estou com você para livrá-lo [...]" (Jeremias 1.8). Ali, os Céus estavam falando em alto e bom som: "Não se trata da sua capacidade, Jeremias, e, sim, dos recursos divinos que serão derramados sobre sua vida". É isso que entendo da seguinte declaração: "Depois, o Senhor estendeu a mão e tocou na minha boca. E o Senhor me disse: Eis que ponho as minhas palavras na sua boca" (Jeremias 1.9).

Já demonstrei, anteriormente, que é importante reconhecer nossas limitações. Porém, somente quando isso nos permite ser

CAPÍTULO 4

trabalhados por Deus, e nunca para que recusemos o Seu chamado. Como Isaías, se temos lábios impuros, então que Deus santifique-os. Se não somos capazes de falar por nós mesmos [e ninguém deveria achar que sabe], então precisamos da unção divina.

Quando fixamos em nossas limitações, a ponto de concluir que nem a capacitação de Deus pode reverter essa condição, ofendemos ao Senhor. Necessitamos de transformação em nosso senso de identidade, para entender e entrar em uma esfera de revelação daquilo que Deus faz em nossas vidas, começando pela conversão e permitindo que isso se estenda à capacitação que Ele nos dá em todo e qualquer tipo de comissionamento.

O Senhor estava afirmando a Jeremias o mesmo que afirmara a Moisés: "Eu não estou mandando você falar por si mesmo, Eu vou capacitá-lo; irei falar pela sua boca. Agora você tem recursos que não tinha antes. Sua identidade não está limitada ao que você era". Temos de nos lembrar constantemente que, em Jesus, há uma nova identidade: "E, assim, se alguém está em Cristo, é nova criatura; as coisas antigas já passaram; eis que se fizeram novas" (2 Coríntios 5.17). A Bíblia de Jerusalém traduziu este texto assim: "Eis que se fez uma realidade nova". Existe uma nova realidade! Pedro afirmou:

> Pelo poder de Deus nos foram concedidas todas as coisas que conduzem à vida e à piedade, pelo pleno conhecimento daquele que nos chamou para a sua própria glória e virtude. Por meio delas, ele nos concedeu as suas preciosas e mui grandes promessas, para que por elas vocês se tornem **coparticipantes da natureza divina**, tendo escapado da corrupção das paixões que há no mundo. (2 Pedro 1.3-4 – grifo do autor)

Constantemente, se nos abrimos a Deus e nos engajamos no processo de santificação, passamos a estar aptos a receber parte de quem Ele é. Isso significa que o Senhor está, o tempo todo, disponível para transferir parte de Sua identidade para definir e compor quem somos, assim como Jesus olhou para Pedro e disse: "Também eu lhe digo que você é Pedro, e sobre esta pedra edificarei a minha igreja [...]" (Mateus 16.18). É como se estivesse dizendo: "Você entendeu que eu sou a pedra principal, e você também é uma pedra, você é feito do mesmo material, e vai ser construído sobre Mim. Pedro, entenda sua semelhança Comigo e a parceria que teremos em nosso trabalho".

Esse entendimento correto acerca da nossa identidade é fundamental para que possamos compreender e executar o nosso chamado. Eu penso que quando Deus disse a Gideão: "[...] Vá nessa força que você tem [...]" (Juízes 6.14), Ele comunicou que o futuro juiz tinha mais força do que podia mensurar. Normalmente, o Senhor diz que nos ensinará e colocará as palavras em nossa boca. Deus guiará, capacitará e nos dará os recursos que não temos. Sobre isso, Jesus declarou aos Seus discípulos:

> Por minha causa vocês serão levados à presença de governadores e de reis, para lhes servir de testemunho, a eles e aos gentios. E, quando entregarem vocês, **não se preocupem quanto a como ou o que irão falar**, porque, naquela hora, **lhes será concedido o que vocês dirão**. Afinal, **não são vocês que estão falando, mas o Espírito do Pai de vocês é quem fala por meio de vocês**. (Mateus 10.18-20 – grifo do autor)

O tempo todo, a Bíblia sustenta que não se trata de nós, ou de nossas habilidades, e, sim, do que Ele fará de singular **em** e **através** de nós. A questão, dentro disso, é que alguns confundem humildade com mediocridade [que são coisas completamente diferentes], então, em vez de se prepararem e darem o seu melhor no desenvolvimento das habilidades e talentos que Deus lhes confiou, preferem se acomodar e transferir a responsabilidade para Ele. Sim, é bem verdade que apesar dos nossos pontos fortes, ainda dependeremos da graça, mas isso não nos isenta da incumbência de sermos bons mordomos com relação ao que Ele colocou em nossas mãos.

> Deus não nos perdoa pela metade, ou 90%. Ele removeu completamente toda culpa e toda condenação.

IDENTIDADE TRANSFORMADA

REDEFININDO HUMILDADE

Além disso, vejo pessoas que, ao darem a Deus desculpas para não aceitarem o chamado para realizar algo, julgam estar sendo humildes. A verdade é que se Moisés, em suas escusas, fosse humilde, não teria despertado a ira divina (cf. Êxodo 4.14). Humildade não deve ser confundida com autodepreciação. Entretanto, normalmente somos inclinados a deduzir que se alguém fala bem de si mesmo [em vez de falar mal], não é humilde. E se alguém disser que é humilde, então, com certeza, o certo seria concluir que ele não é. Porém, se tal raciocínio fosse verdadeiro, como Jesus ficaria diante de tal definição? Ele mesmo atestou: "[...] aprendam de mim, porque sou manso e humilde de coração [...]" (Mateus 11.29). Ou seja, o Mestre não apenas se apresentou como humilde mas também sustentou ser um exemplo de humildade a ser imitado. E quem ousaria considerar que isso tenha sido falta de humildade da parte de Cristo?

Se os humildes não pudessem se reconhecer dessa forma nem apontar alguma virtude que carregam, então a condição de Jesus seria bem diferente. E para sustentar a veracidade dessas palavras, consideremos o primeiro discurso público de nosso Senhor ao iniciar Seu ministério:

> "O Espírito do Senhor está sobre mim, porque ele me ungiu para evangelizar os pobres; enviou-me para proclamar libertação aos cativos e restauração da vista aos cegos, para pôr em liberdade os oprimidos, e proclamar o ano aceitável do Senhor." Tendo fechado o livro, Jesus o devolveu ao assistente e sentou-se. Todos na sinagoga tinham os olhos fixos nele. Então Jesus começou a dizer: — Hoje se cumpriu a Escritura que vocês acabam de ouvir. (Lucas 4.18-21)

Logo depois do Seu batismo e da tentação no deserto, Jesus se apresentou na sinagoga de Nazaré, cidade onde cresceu, e começou a ler o livro de Isaías, que afirmava: "O Espírito do Senhor está sobre mim [...]" (verso 1 do capítulo 61). Quando terminou de ler, Jesus disse: "Hoje, se cumpriu a Escritura que vocês acabam de ouvir".

Contudo, na perspectiva que cultivamos, isso se parece com uma atitude de humildade? Como lidaríamos com alguém que se apresentasse diante de nós afirmando ser o Ungido de Deus, e dizendo ter toda a unção, recursos e capacitação divina para tocar a nossa vida? Certamente, concluiríamos que essa pessoa está, no mínimo, "se achando". Mas esse foi exatamente o primeiro discurso de Jesus, a primeira mensagem que Ele pregou: "Eu sou o Ungido".

A verdade é que humildade não tem nada a ver com mediocridade ou autodepreciação; infelizmente confundimos as coisas. Atribui-se a C. S. Lewis[1] a frase: "Humildade não é pensar menos de si, é pensar menos em si". Para alguns, humildade é sinônimo de menosprezo, mas não foi dessa forma que Cristo se posicionou.

Por outro lado, é importante mencionar que Jesus nunca Se exaltou ou afirmou que faria as coisas por Si mesmo. Ele agia pela capacidade de Deus, por isso anunciou: "[...] Em verdade, em verdade lhes digo que o Filho **nada pode fazer por si mesmo**, senão somente aquilo que vê o Pai fazer; porque tudo o que este fizer, o Filho também faz" (João 5.19 – grifo do autor). Logo depois, o Mestre repetiu: "Eu nada posso fazer por mim mesmo [...]" (João 5.30). Não se tratava de Jesus, como homem, achar que Se bastava; a ênfase era que a unção do Espírito Santo estava sobre Ele: "como Deus ungiu a Jesus de Nazaré com o Espírito Santo e com poder [...]" (Atos 10.38). Em outras palavras, Ele não pensava ser "O cara", apenas reconhecia que o Pai, que O enviara, manifestaria os recursos divinos através d'Ele.

Penso ser imprescindível que tenhamos o entendimento da graça e da unção de Deus em nossas vidas. Devemos compreender o que é a capacitação celestial. Somente assim deixaremos de idealizar e

---

[1] Clive Staples Lewis foi um professor universitário irlandês, escritor, crítico literário, e um dos maiores teólogos do século passado.

rotular a humildade como sinônimo de alguém que não é nada, ninguém, ou que é fraco e impotente.

Temos de aprender a olhar para nós mesmos e reconhecer que temos a unção e a capacitação divina em nossas vidas. Se ser humilde é pensar menos **em si** mesmo, então cada um de nós deve orar e pedir ao Senhor a graça para ser útil. O entendimento da unção produz essa consciência de realização de algo que, sozinhos, não poderíamos fazer. Davi dizia que, com Deus, ele passava no meio de um batalhão e saltava muralhas. Ele reconhecia que o seu sucesso na batalha não era apenas pela sua habilidade, e, sim, pela ação de Deus na sua vida (cf. Salmos 18.32-39). Esse entendimento é uma chave importante e faz toda a diferença.

Paulo trabalhou mais que todos os discípulos, mas reconheceu que foi pela capacitação de Deus. Isso é sair do centro. Humildade não é se achar grande coisa, mas compreender quem somos **em** Deus e o que podemos fazer **com** Ele. A realidade da Nova Criação também está relacionada a esse lugar da unção, da capacitação divina.

Não podemos ignorar que o mesmo Jesus — ungido por Deus — disse: "[...] Assim como o Pai me enviou, eu também envio vocês" (João 20.21). Ele indicava que poderíamos ser tão ungidos quanto Ele e que teríamos os mesmos recursos divinos que Lhe foram disponibilizados. Precisamos ter a perspectiva de que podemos realizar o mesmo ministério que Jesus realizou e fazer as mesmas obras. Ele mesmo assegurou: "Em verdade, em verdade lhes digo que aquele que crê em mim fará também as obras que eu faço e outras maiores fará, porque eu vou para junto do Pai" (João 14.12).

Acredito que nos falta a visão de grandeza [não confundir isso com um ego inflado], da nossa nova realidade em Deus, dos recursos que estão à nossa disposição, e daquilo que podemos fazer em parceria com o Senhor. Aprendi, pelas Escrituras e também pela prática, em quase trinta anos de ministério, que a capacidade de desfrutar da nossa nova identidade depende da visão que temos. E é por isso que falarei mais acerca disso no próximo capítulo.

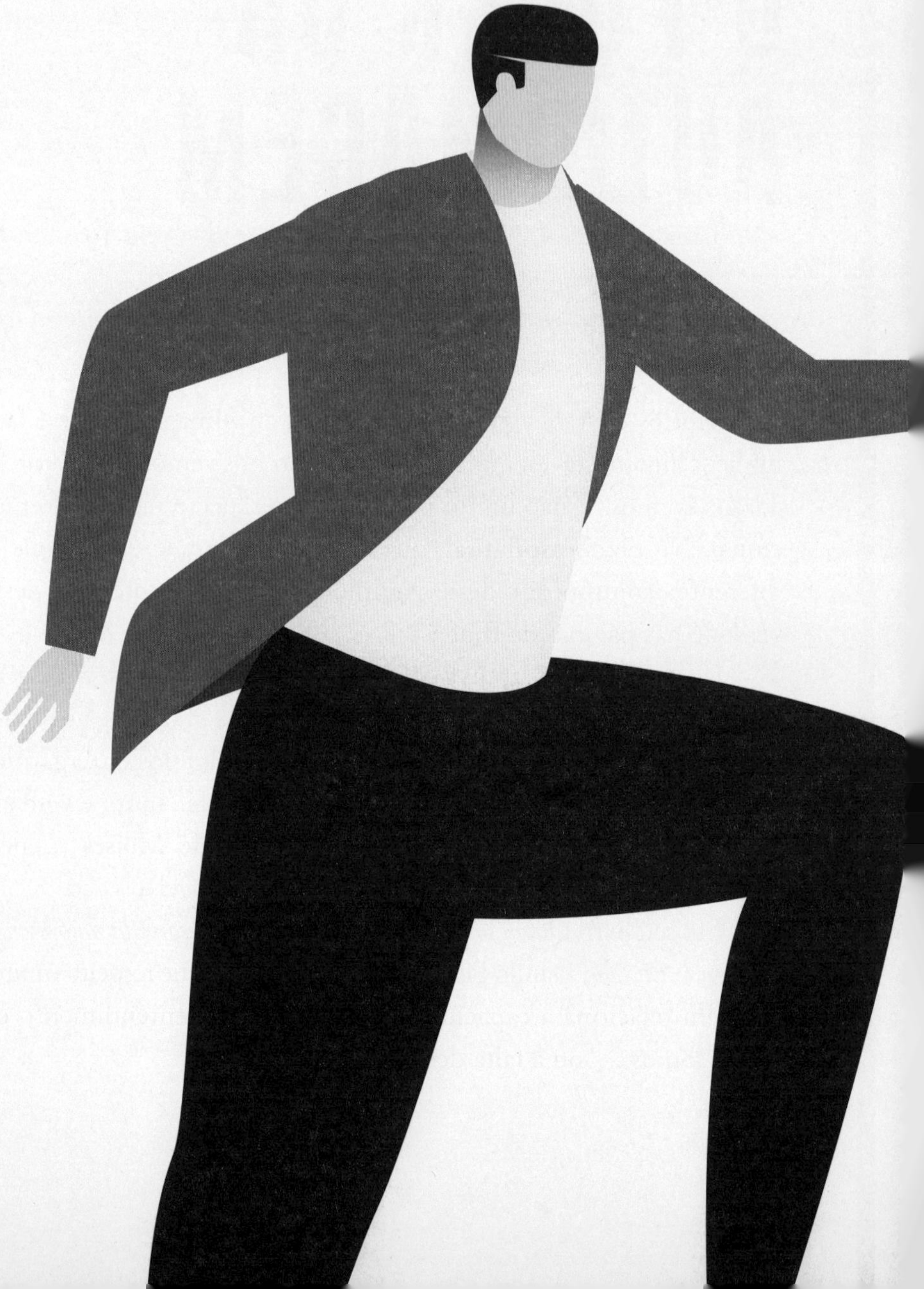

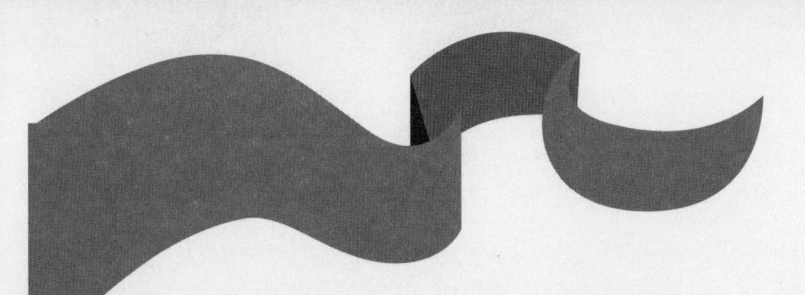

Capítulo 5
O PODER DA AUTOIMAGEM

Muitos cristãos ignoram o poder da autoimagem. Mas é fato bíblico, incontestável, que a maneira como nos vemos afeta a forma como vivemos. E não limito isso apenas ao aspecto racional e emocional. No plano **espiritual**, que é a ênfase do meu ensino, não é diferente; e o propósito deste capítulo é comprovar a presença dessa verdade nas páginas da Bíblia.

Jamais estaremos aptos a cumprir o propósito divino se a imagem que temos de nós mesmos for distorcida. E se é a graça que nos capacita, e ela só pode ser acessada mediante a fé, para nos enxergarmos da forma correta, é necessário ter uma visão de fé. Tanto é verdade que, em Hebreus 11.27, a Palavra assegura: "Pela fé, Moisés [...] permaneceu firme como quem vê aquele que é invisível".

Em seu livro *Quem sou eu? Uma questão a ser resolvida na presença do grande Eu Sou*, Danilo Figueira, amigo e mestre que respeito muito, também relaciona a capacidade de realização ao entendimento de quem somos — ou à falta dele:

CAPÍTULO 5

O grande problema é que boa parte dos cristãos se assusta com o chamado ou, quando o assume, desempenha-o num nível muito inferior ao que poderia. A dificuldade repousa na alma, no centro das emoções, onde limites que resistem às propostas da fé estão estabelecidos.

Tudo poderia se resumir em identidade ou autoimagem, e a história de cada um tem uma enorme influência nisso. Queiramos ou não, somos resultado de tudo o que passamos, seja por escolha própria, seja por imposição da vida. Desde o dia em que nascemos, ou melhor, antes mesmo disso, Satanás trabalha para deformar a maneira como nos enxergamos, a fim de inviabilizar a nossa felicidade, impedindo que cumpramos os propósitos de Deus. Seu arsenal para realizar essa obra é enorme e poderoso! Assim, mesmo que tenhamos nos convertido, recebido uma nova natureza em Cristo, os reflexos dessa identidade deformada pelo passado, inclusive pelo nosso pecado, continuam se revelando na maioria de nós, fazendo-nos sentir inadequados para o que o Senhor propõe. Estou falando de uma grande guerra entre duas naturezas. Nosso Pai Celestial quer nos levar a viver na perspectiva da sua grandeza, realizando coisas significativas na Terra, enquanto o Diabo trabalha para nos limitar, apequenar e, se possível, paralisar completamente. Esse é o motivo pelo qual a Igreja está cheia de pessoas que resistem ao chamado ou o cumprem no nível da mediocridade. Na maioria dos casos, não é mera dureza de coração, mas uma descrença em relação à sua própria capacidade de corresponder, empreender, conquistar, ser relevante. Como não se veem em condições de produzir, é nessa perspectiva que se apresentam, acomodando-se ao fisiologismo da religião, cumprindo as coreografias da fé, sem, contudo, dar resultados para a glória de Deus.[1]

Concordo plenamente com essas palavras. Afinal, boa parte das pessoas que se encontram travadas para o cumprimento de seu chamado parecem estar enroscadas em algum tipo de autoimagem equivocada. Às vezes, até demonstram grande segurança e autoestima

---

[1] FIGUEIRA, Danilo. **Quem sou eu?**: Uma questão a ser resolvida na presença do grande Eu Sou. Ribeirão Preto: Selah Produções, 2017, páginas 12 e 13.

para desempenharem funções naturais e profissionais, mas, quando o assunto passa a ser a obra de Deus, parecem ser pessoas completamente diferentes. Então, existem, de fato, tanto os bloqueios emocionais, da autoimagem, como também os bloqueios espirituais, oriundos da incapacidade de se ver habilitado por Deus para realizações sobrenaturais.

Alguns irmãos na fé sentem-se profundamente incomodados quando percebem certas similaridades entre expressões utilizadas no ensino ou pregação bíblica com os termos empregados na Psicologia. Acredito que devemos ser cautelosos com os extremos. É por isso que, particularmente, confesso também me incomodar com algumas questões, como a exagerada "psicologização" do Evangelho por parte de alguns. Em contrapartida, isso não significa que [quando a Psicologia não estiver em conflito com os valores bíblicos] não possamos **considerar** — e até mesmo, segundo as Escrituras, **avaliar** — algumas conclusões desse importante ramo do conhecimento.

A Psicologia se atém, especialmente, ao estudo dos aspectos do comportamento humano e de seus processos mentais.[2] No geral, a ciência nos presenteou com várias descobertas importantes que se deram dessa mesma forma, como a compreensão da Lei da Gravidade[3], por exemplo. Ela, assim como tantos outros avanços e descobertas científicas, veio à tona a partir da observação e constatação de um determinado princípio que, em qualquer época e lugar, seguirão se repetindo. Não há um texto bíblico que defina claramente

---

[2] PSICOLOGIA. In: DICIONÁRIO Michaelis *on-line*. São Paulo: Melhoramentos, 2021. Disponível em *https://michaelis.uol.com.br/moderno-portugues/busca/portugues-brasileiro/psicologia/*.Acesso em fevereiro de 2021.

[3] A Lei da Gravitação Universal, popularmente conhecida como Lei da Gravidade, foi criada pelo físico e matemático Isaac Newton por meio da observação dos movimentos planetários para explicar que há uma força fundamental [gravidade] de atração mútua entre corpos com massa. Mais informações: NEWTON, Isaac. **Princípios matemáticos de filosofia natural**. São Paulo: Edusp, 2018.

a Lei da Gravidade, mas o reconhecimento dela está espalhado por toda a Escritura, onde encontramos referências de coisas, e até mesmo pessoas, caindo.

Uma amostra disso foi a ocasião em que Satanás tentou Jesus no deserto e Lhe propôs, em determinado momento, que Se lançasse do pináculo do templo. Nessa passagem, o Diabo estava tentando **espiritualizar** uma lei natural, criada pelo próprio Deus, com uma aplicação fantasiosa de outra porção das Escrituras: "[...] Aos seus anjos ele dará ordens a seu respeito. E eles o sustentarão nas suas mãos, para que você não tropece em alguma pedra" (Mateus 4.6). Qual foi a resposta de Cristo? "[...] — Também está escrito: 'Não ponha à prova o Senhor, seu Deus'" (Mateus 4.7).

Em suma, o nosso Senhor atestou que a Lei da Gravidade foi estabelecida pelo Criador para ser respeitada, não ignorada. Não só isso, mas Ele sustentou ainda que a Palavra de Deus não pode ser distorcida para tentar justificar a falta de reconhecimento das leis naturais. Aliás, seria ridículo um cristão dizer: "A Lei da Gravidade não é bíblica, é coisa mundana, dos homens, não temos de acreditar nisso!".

O processo de semeadura e ceifa é outro exemplo de temática que não é exclusiva da agronomia; afinal, está presente nas Escrituras, tanto com aplicações **naturais** quanto **espirituais**. O mesmo se dá com a Matemática, Astronomia e Medicina. Inclusive, um versículo que nos confirma isso é o seguinte: "— Filho do homem, eu **quebrei o braço** de Faraó, rei do Egito, e eis que **não foi atado** para que seja **tratado com remédios**, nem **posto numa tala** para tornar-se forte o bastante para empunhar a espada" (Ezequiel 30.21 – grifo do autor).

Dito isso, devemos considerar que, ao observar o comportamento humano, é possível constatar certos padrões que se repetem em qualquer tempo, lugar e cultura. Ou seja, são arquétipos naturais, da própria Criação, que podem ser descobertos mediante observação. Portanto, se, por um lado, não desejo ver o extremo da "psicologização" do Evangelho [quando as pessoas parecem tentar validar as

Escrituras pela Psicologia], igualmente não quero colocar de lado a escolha deliberada de reconhecer as descobertas da Psicologia [em especial, aquilo que é validado pelas Escrituras]. Resumindo, o conceito de autoimagem, antes mesmo do desenvolvimento da ciência chamada Psicologia, já era atestado e ensinado nas milenares páginas da Bíblia.

COMO GAFANHOTOS

Uma das referências da Palavra de Deus que, aos 18 anos, chamou minha atenção para a importância de como nos vemos é o relatório dos espias enviados a Canaã por Moisés (cf. Números 13). Depois de 40 dias percorrendo a Terra Prometida (cf. Números 13.25), os espias voltaram com os frutos da terra [um cacho de uvas que precisou ser carregado por dois homens] e com a constatação: "[...] De fato, é uma terra onde mana leite e mel; estes são os frutos dela" (Números 13.27), confirmando que tudo o que lhes fora dito pelos seus ancestrais e pela revelação do próprio Deus por meio de Moisés era verdadeiro.

Entretanto, apesar de reconhecerem que a terra era boa, dez daqueles doze homens enviados focaram nas dificuldades que haviam observado: "Mas o povo que habita nessa terra é poderoso, e as cidades são muito grandes e fortificadas. Também vimos ali os filhos de Anaque" (Números 13.28). Eles confessaram publicamente: "[...] Não podemos atacar aquele povo, porque é mais forte do que nós" (Números 13.31), e concluíram com uma declaração que nos ajuda a compreender a origem do problema:

> Também vimos ali gigantes (os filhos de Anaque são descendentes de gigantes), e **éramos, aos nossos próprios olhos, como gafanhotos** e assim também o éramos aos seus olhos. (Números 13.33 – grifo do autor)

CAPÍTULO 5

Eles poderiam ter simplesmente comprovado a presença dos gigantes, afinal o motivo de vigiarem a terra era justamente o de reportar o que haviam encontrado lá (cf. Números 13.18). O problema foi a sentença de fracasso que veio junto com o relatório, e o desânimo que isso gerou em toda a nação:

> Então toda a congregação se levantou e **gritou em alta voz**; e **o povo chorou aquela noite**. Todos os filhos de Israel **murmuraram** contra Moisés e contra Arão; e **toda a congregação** lhes disse: — Quem dera tivéssemos morrido na terra do Egito ou mesmo neste deserto! E por que o Senhor nos traz a esta terra, para cairmos à espada e para que nossas mulheres e nossas crianças sejam por presa? Não seria melhor voltarmos para o Egito? E diziam uns aos outros: — Vamos escolher um chefe e voltemos para o Egito. (Números 14.1-4 – grifo do autor)

O cerne da questão não foi o relato acerca da terra, mas, sim, o fato de que os dez espias externaram a forma **como viam a si mesmos**. Vale repetir a declaração específica que fizeram: "[...] éramos, aos nossos próprios olhos, como gafanhotos e assim também éramos aos olhos deles" (Números 13.33). Isso quer dizer que, diante dos gigantes, eles se consideravam incapazes de entrar na terra e possuí-la, apesar de a palavra do Senhor ter dito o contrário. Infelizmente, caíram na crença errônea de que a promessa estava condicionada à capacidade humana, e, mesmo contemplando a intervenção divina desde a saída do Egito, passaram a agir como se nunca tivessem visto um milagre da parte de Deus.

No entanto, percebemos que Josué e Calebe, os espias restantes, tiveram uma postura bem diferente. Ambos mostraram que confiavam no Deus da promessa e que sabiam que Ele os faria entrar em Canaã:

> E Josué, filho de Num, e Calebe, filho de Jefoné, que eram daqueles que espiaram a terra, rasgaram as suas roupas e falaram a toda a congregação dos filhos

de Israel, dizendo: — A terra pela qual passamos para espiar é terra muitíssimo boa. Se o Senhor se agradar de nós, então nos fará entrar e nos dará essa terra, que é uma terra que mana leite e mel. Tão somente não sejam rebeldes contra o Senhor e não tenham medo do povo dessa terra, porque, como pão, os podemos devorar; a proteção que eles tinham se foi. O Senhor está conosco; não tenham medo deles. (Números 14.6-9)

É nítida a diferença entre o posicionamento de Josué e Calebe e os demais. Essa foi a razão pela qual Deus declarou que eles seriam os únicos que entrariam na Terra Prometida. Nesse caso, vale lembrar que todos tinham o mesmo Deus, receberam a mesma palavra e estavam diante do mesmo problema — afinal, os gigantes não mudaram de tamanho conforme pessoas diferentes olhavam para eles. O grande contraste entre Josué e Calebe e o restante daquela geração era **a forma como se viam**.

Naquele cenário de tensão, quase todos se viam como gafanhotos — pequenos demais para enfrentar o inimigo. Eles se enxergavam incapazes, por isso presumiram que, de fato, eram fracos em relação aos cananeus. O curioso é que eles nem sequer podiam dizer que eram indefesos aos olhos dos moradores de Canaã, pois nem chegaram a ser vistos por eles; afinal, caso tivessem sido descobertos, seriam capturados e mortos.

Josué e Calebe, em contrapartida, não se importaram com os gigantes, porque tinham a certeza de que o Senhor estava ao lado deles. Por isso, afirmaram com convicção: "[...] nós os devoraremos como se fossem pão [...]" (Números 14.9 – NVI); ambos entendiam que a verdadeira identidade deles estava relacionada às suas posições em Deus.

Ter uma autoimagem correta não é apenas uma questão de segurança ou estabilidade emocional; o entendimento correto da identidade afeta diretamente a nossa capacidade de cumprir ou não o propósito de Deus para a nossa vida. A maior ênfase concernente a essas questões, no ensino bíblico, é o aspecto espiritual. Quando o autor da epístola aos hebreus revisita a história e comenta a respeito da geração que saiu do Egito, mas não entrou na Terra Prometida, dá um veredito muito específico do comportamento daquele povo: "Assim, vemos que não puderam entrar por causa da incredulidade" (Hebreus 3.19). No final das contas, não era um problema psicológico e, sim, espiritual. Tratava-se de fé; ou, no caso da maioria dos israelitas, da falta dela.

Por outro lado, algumas coisas independem da fé. Há leis espirituais que funcionam para todos, independentemente de serem ou não cristãos. Por exemplo, Jesus afirmou que o Sol e a chuva são liberados para os justos e injustos, bons e maus (cf. Mateus 5.45). Ou seja, algumas coisas simplesmente acontecem para todas as pessoas. Contudo, ainda assim, é possível dizer que esses princípios de fé são universais, já que, no Evangelho de Marcos, o Senhor Jesus atesta: "Em verdade vos digo que quem disser a este monte: Levanta-te e lança-te no mar e não duvidar no seu coração, mas crer que se faz o que ele diz, assim lhe será feito" (Marcos 11.23 – TB).

Observe que, nessa versão, Cristo menciona: "quem". Outras traduções optaram pelo uso do termo "alguém" ou "qualquer"; isto é, qualquer pessoa, quem quer que seja, que declarar, crendo no coração, experimentará o resultado. O curioso é que, às vezes, encontramos pessoas que não conhecem o Senhor como nós conhecemos, que não têm a revelação bíblica da forma que temos, mas que possuem a capacidade de acreditar, fazer declarações, e perseguir alvos de maneira diferente, até mesmo mais do que alguns que estão no nosso meio e que deveriam demonstrar uma dependência muito maior no Senhor.

Então, a verdade é que até mesmo a fé funcionará para qualquer um, mas há princípios que Deus estabeleceu que não se referem apenas a isso. E um deles é justamente o que tenho descrito desde as primeiras páginas deste capítulo. A maneira como nos vemos é determinante, não apenas na construção da nossa identidade, mas na capacidade de realizar e cumprir o nosso propósito.

Não estou me referindo ao "pensamento positivo", mas a algo que é muito maior e que vai além de simplesmente "declarar coisas boas". É preciso entender biblicamente o poder da autoimagem, do conceito que temos de nós mesmos. Estamos numa posição favorecida. Se os princípios de fé funcionam para qualquer um, o que dizer de nós que temos o privilégio de conhecer a Deus e Sua Palavra? O foco deste livro é justamente em cima dessa verdade, pois, para que tenhamos uma revelação correta de nós mesmos, precisamos nos enxergar n'Ele. Porém, para que isso aconteça, temos de entender os princípios bíblicos que revelam a importância de construir uma imagem correta de nós mesmos.

VOCÊ É O QUE VOCÊ VÊ

A maneira como nos vemos determina o que somos e o que recebemos de Deus. A Palavra de Deus afirma que aquilo que enxergamos a nosso respeito será decisivo na nossa caminhada e futuro. Isso acontece porque, como a Escritura nos diz, somos aquilo que o nosso coração é:

> Como a água reflete o rosto, assim **o coração reflete o que a pessoa é**. (Provérbios 27.19 – grifo do autor)

O espelho mais antigo de que se tem conhecimento é a água. Na antiguidade, pessoas de posse costumavam usar pedaços de bronze batido e polido [que não tinham uma imagem tão perfeita] para admirarem seus reflexos.[4] Mas, ainda assim, o espelho que apresentava a imagem mais verossímil era a água.

---

[4] **Como surgiu o espelho?** Publicado por Superinteressante em 31 de março de 1990, atualizado em 31 de outubro de 2016. Disponível em *https://super.abril.com.br/historia/como-surgiu-o-espelho/*. Acesso em fevereiro de 2021.

CAPÍTULO 5

A verdade é que, assim como na água [ou, atualmente, no espelho] temos a projeção exata da imagem de quem somos **exteriormente**, também o nosso coração reflete aquilo que somos em nosso **interior**. Por consequência, o que entra em nosso coração e o afeta também pode influenciar o restante da nossa vida. É por isso que a Escritura adverte: "De tudo o que se deve guardar, guarde bem o seu coração, porque dele procedem as fontes da vida" (Provérbios 4.23).

Se quisermos macular um rio, não é necessário tentar contaminá-lo em toda a sua extensão; basta apenas que se polua a nascente. Se ela for contaminada, consequentemente, todo o rio também será. E de forma semelhante é o coração — uma espécie de nascente, que, se afetada, é capaz de atingir o restante do nosso ser. Precisamos entender que o que tomamos como verdade em nosso coração reverbera no jeito como vivemos.

Quando eu era adolescente, ao caminhar por um bairro próximo ao que eu morava, passei na frente de um circo, onde vi um elefante. Como não era hora do *show*, o elefante estava preso do lado de fora. Aquela cena me fez refletir: "Como eles conseguem manter preso um elefante desse tamanho? Apesar de estar acorrentado a um gancho no concreto, ele é um animal muito forte. Se apenas se encostasse em uma parede, poderia derrubá-la. Além disso", pensei, "ele tem uma tromba, que deve fazer com que ele seja capaz de arrancar árvores enormes com as suas raízes. Então, como conseguem manter esse animal preso?".

Um tempo depois, compartilhei esse meu questionamento com um amigo, que explicou: "Comenta-se que, no continente africano, a técnica dos caçadores envolve prender o elefante quando ele ainda é filhote. Eles o amarram em uma corda e prendem-na em uma estaca de madeira, fincada no chão. O elefante se debate, tenta escapar, mas não consegue. Por quê? Porque, enquanto filhote, ele não tem a força suficiente para romper a corda ou arrancar a estaca. Porém, depois de tentativas recorrentes de fuga sem sucesso, ele acaba assimilando uma **imagem interior** de que a corda e a estaca são mais fortes do que ele. A partir disso, mesmo à medida que cresce e ganha força, o animal nem sequer tenta escapar". Então, imediatamente, associei a explicação do meu amigo a esse princípio bíblico. Muitos cristãos se parecem com elefantes assim: assimilam uma falsa imagem a respeito de si mesmos, que os impede de viver sua força e capacidade, e, por isso, acabam se tornando reféns de uma autoimagem equivocada.

A Palavra de Deus destaca que há coisas que devemos guardar: "Eis que venho sem demora; **guarda o que tens**, para que ninguém tome a tua coroa" (Apocalipse 3.11 – ARC – grifo do autor). Ou seja, devemos guardar aquilo que é nosso, para que não seja comprometido. Entretanto, em Provérbios 4.23, como já vimos, há algo que devemos guardar **acima de tudo**: o nosso coração. Isso significa não apenas guardá-lo de emoções erradas, mas também de coisas que não refletem verdadeiramente quem somos.

As Escrituras ainda certificam que a forma como pensamos também influencia a nossa identidade: "Porque, como imagina em sua alma, assim ele é [...]" (Provérbios 23.7). É em razão disso que precisamos nos questionar sobre quem somos e como nos vemos.

Será que, do mesmo modo que aqueles dez espias de Números 13, nós nos enxergamos como meros gafanhotos ou, como Josué e Calebe, conseguimos nos ver como conquistadores de gigantes? Aquela dupla de homens de fé se via da forma correta, e também visualizou, antecipadamente, a materialização da promessa, e essa atitude foi preservada, como aponta a declaração de Calebe quarenta e cinco anos depois de ter espiado Canaã:

> Os filhos de Judá chegaram a Josué em Gilgal. E Calebe, filho de Jefoné, o quenezeu, lhe disse: — Você sabe o que o Senhor falou a Moisés, homem de Deus, em Cades-Barneia, a respeito de mim e de você. Eu tinha quarenta anos quando Moisés, servo do Senhor, me enviou de Cades-Barneia para espiar a terra. E eu lhe relatei o que estava no meu coração. Os meus irmãos que tinham ido comigo amedrontaram o povo, mas eu perseverei em seguir o

Senhor, meu Deus. Então Moisés, naquele dia, jurou, dizendo: "Certamente a terra em que você pôs o pé será sua e de seus filhos, em herança perpétua, pois você perseverou em seguir o Senhor, meu Deus". — E, agora, eis que o Senhor me conservou com vida, como prometeu. Quarenta e cinco anos se passaram desde que o Senhor falou essas palavras a Moisés, quando Israel ainda andava no deserto; e, agora, eis que estou com oitenta e cinco anos. Estou tão forte hoje como no dia em que Moisés me enviou. A força que eu tinha naquele dia eu ainda tenho agora, tanto para combater na guerra como para fazer o que for necessário. Dê-me agora este monte de que o Senhor falou naquele dia, pois, naquele dia, você ouviu que lá estavam os anaquins, morando em cidades grandes e fortificadas. Se o Senhor Deus estiver comigo, poderei expulsá-los, como ele mesmo prometeu. (Josué 14.6-12)

É impressionante a forma como Calebe seguia enxergando a si mesmo tanto tempo depois. Precisamos permitir que a Palavra de Deus produza a mesma consciência em nosso coração. Muito mais do que **pensar positivo**, temos de entrar em uma dimensão de revelação do Senhor, em que a nossa visão seja moldada e compreendamos que podemos viver, de fato, algo sobrenatural.

Em contrapartida, tenho constatado, ao longo de três décadas de ministério, muitas pessoas que, mesmo tendo promessas da parte de Deus, não experimentaram o cumprimento delas; pessoas que poderiam ter sido agentes de um propósito maior de Deus. Se, por um lado, a visão correta abençoa a muitos, por outro, a visão limitada compromete o destino de toda uma geração, assim como ocorreu com os dez espias.

Nós, que somos líderes, não podemos nos esquecer da grande responsabilidade que pesa sobre nossos ombros. Os espias eram príncipes e, assim como aconteceu com eles, a forma como nos vemos vai afetar diretamente a quem lideramos. Esse é um dos motivos pelo qual devemos, constantemente, alinhar nosso entendimento sobre quem somos ao que o Senhor diz.

> Jamais estaremos aptos a cumprir o propósito divino se a imagem que temos de nós mesmos for distorcida.

CAPÍTULO 5

EVITE OS EXTREMOS

Outro cuidado que precisamos ter é o de evitar os extremos. A autoimagem positiva não pode nos levar do senso de inferioridade para o de superioridade. Percebo muitos agindo assim; saem do extremo de pensarem o pior de si e passam a se encarar como os melhores em tudo. O orgulho ainda é pecado, e acredito que uma autoimagem correta não tem a ver com uma habilidade de olhar para si e enxergar potencial e capacidade além do normal. Muito pelo contrário, diz respeito a perceber a capacitação e recursos divinos se manifestando em nós, ainda que continuemos cientes das nossas limitações.

Como mencionei, Deus não quer que ignoremos as nossas fraquezas. O Senhor nos permite ser trabalhados, moldados por Ele e viver em Sua dependência. Contudo, ao mesmo tempo, o Altíssimo também anseia que possamos ter a imagem correta de quem somos n'Ele e do que podemos fazer juntamente com Ele. O equilíbrio que vem de enxergar a nossa insuficiência e compreender quem somos em Cristo poupa-nos de cair no orgulho ou de nos prender em uma condição de mediocridade.

Certamente, os extremos ainda precisam ser evitados, da mesma maneira que alguns aspectos, como a diferença entre humildade e inferioridade, precisam ser estabelecidos. Ao longo de décadas de ministério, vi muitos que se consideravam humildes, mas que, na verdade, estavam sendo apenas autodepreciativos e medíocres. Uma coisa é reconhecer que não temos capacidade por nós mesmos, e outra é achar que não temos utilidade nenhuma, nem mesmo debaixo de comissionamento e capacitação divinas. Não podemos confundir esses conceitos.

Para evitar esse erro, uma averiguação que podemos fazer, pela leitura da Palavra de Deus, é que as pessoas que fizeram algo diferenciado para o Senhor, via de regra, conseguiram se ver de maneira diferente do que a maioria das pessoas se enxergava. Saul, por exemplo, era o homem de maior estatura entre o seu povo. A Bíblia diz que, dos ombros para cima, ele sobressaía no meio de todos (cf. 1 Samuel 9.2). Aliás, numa época em que o combate era corpo a corpo, com espada na mão, quanto maior o homem e mais forte seu braço, mais bem-sucedido poderia ser em batalha, e isso fazia toda a diferença. No entanto, quando Golias [que era um gigante] estava zombando da nação de Israel, Saul, o líder que deveria estar à frente de todos, não se posicionou. Encontrava-se paralisado, congelado. Ainda que Saul fosse menor que o gigante filisteu, entre os hebreus, era o que se encontrava em menor desvantagem. Contudo, ele não se via apto para o combate.

Então, surgiu um garoto. E aquele rapazinho se dispôs a lutar contra Golias. Não porque se achava capaz por si mesmo, mas porque tinha uma visão correta daquilo que podia realizar com Deus, e sabia que não entraria sozinho na batalha. "Davi, porém, disse ao filisteu: — Você vem contra mim com espada, com lança e com escudo. Eu, porém, vou contra você em nome do Senhor dos Exércitos, o Deus dos exércitos de Israel, a quem você afrontou" (1 Samuel 17.45).

Outro dia, ouvi alguém comentando: "Davi venceu o gigante com uma funda e uma pedra". Eu, imediatamente, pensei: "Não, ele não venceu Golias assim". A Palavra nos diz que ele declarou a Golias: "[...] vou contra você em nome do Senhor dos Exércitos [...]", como se dissesse: "Eu não estou confiando na pontaria, pois não acredito que o que vai acontecer daqui para frente será natural. Eu estou contando com o sobrenatural, com uma intervenção divina, e, por isso, sei que terei um nível de conquista além de minha capacidade humana".

As Escrituras mostram que é justamente esse tipo de gente que faz a diferença. Repare como não demorou muito tempo para que Davi, voltando das guerras, começasse a ser reconhecido por todos: "[...] Saul matou os seus milhares, porém Davi, os seus dez milhares"

(1 Samuel 18.7). O que Davi possuía que o diferenciava tanto? Que determinação era essa que o levava a destacar-se nas batalhas? Vejamos algumas de suas declarações:

> Pois **contigo posso** atacar exércitos; **com o meu Deus** salto muralhas. O caminho de Deus é perfeito; a palavra do Senhor é confiável; ele é escudo para todos os que nele se refugiam. Pois quem é Deus além do Senhor? E quem é rochedo, a não ser o nosso Deus? O **Deus que me revestiu de força** e aperfeiçoou o meu caminho, ele deu aos meus pés a ligeireza das corças e me firmou nas minhas alturas. **Ele treinou as minhas mãos para o combate**, tanto que os meus braços vergaram um arco de bronze. Também me deste o escudo da tua salvação; a tua mão direita me susteve, e **a tua clemência me engrandeceu**. (Salmos 18.29-35 – grifo do autor)

Davi nunca se via lutando sozinho; ele sempre testificava que o Senhor estava ao seu lado e o fortalecia. Ou seja, reconhecia continuamente quem ele era e o que podia fazer com Deus e por meio d'Ele, como nos mostra o primeiro versículo de Salmos 144: "Bendito seja o Senhor, rocha minha, que treina as minhas mãos para a batalha e os dedos, para a guerra". Ao longo das Escrituras, e na História, encontramos pessoas que, de modo semelhante, fizeram diferença e cumpriram o propósito de Deus. Paulo, pregando em Antioquia da Pisídia, atestou:

> E, tendo tirado Saul, levantou-lhes o rei Davi, do qual também, dando testemunho, disse: "**Achei Davi**, filho de Jessé, homem segundo o meu coração, que fará toda a minha vontade". (Atos 13.22 – grifo do autor)

O que você acha que a Bíblia quis dizer com esse "achei Davi"? Se o filho de Jessé foi achado, é porque havia uma busca acontecendo. É evidente que o Eterno está procurando pessoas: "Os olhos do Senhor passam por toda a terra para mostrar sua força àqueles cujo coração é inteiramente dedicado a ele [...]" (2 Crônicas 16.9 – NVT). O Altíssimo não se mostrará forte para qualquer um! Ele está procurando pessoas cujos corações sejam íntegros e a quem possa revelar Sua força, Seu poder. Em outras palavras, quando afirma: "achei Davi", Deus estava dizendo: "Encontrei o que Eu estou procurando, alguém que consegue se ver no lugar correto, na Minha presença e diante de Mim". Que também possamos nos dispor, de modo a ser a resposta dessa procura divina.

Bom, mas se qualquer extremo é errado, seja olhar-se com inferioridade ou superioridade, a pergunta a ser feita é: o que leva as pessoas, em ambos os casos, a errarem? É que tanto um como outro sentimento faz com que tenhamos de olhar **para nós mesmos**, em vez de permitirmos que nossa identidade seja forjada pelo que Deus diz a respeito de nós. Assim como aqueles que se julgam inferiores, os que se julgam superiores também não adentraram na compreensão da sua verdadeira identidade.

O senso de superioridade é tão errado quanto o de inferioridade, já que ambos excluem a capacitação divina da equação. Uns sentem-se menores porque não entendem que o Senhor é quem os habilita. Outros ignoram a capacitação celestial, e são conduzidos à usurpação da glória de Deus por meio do orgulho.

Assim, alguns falham acreditando que foram chamados e habilitados para fazer o que, na verdade, Deus nunca lhes confiou. Há muita gente se enganando e, consequentemente, enganando outros. E isso não é de hoje, acontece desde o início da Igreja, como nos revela a declaração do Senhor Jesus ao mensageiro da igreja de Éfeso: "[...] Sei que você não pode suportar os maus e que pôs à prova os que se declaram apóstolos e não são, e descobriu que são mentirosos" (Apocalipse 2.2).

Evidentemente, o ministério apostólico não era exclusividade dos doze apóstolos do Cordeiro, caso contrário, essas pessoas que diziam ser apóstolos nem sequer precisariam ser colocadas à prova.

CAPÍTULO 5

Entretanto, nosso Senhor aponta que mesmo que eles acreditassem ser apóstolos, estavam mentindo. Por quê? Porque, aos olhos do Cabeça da Igreja, eles nunca foram constituídos como tal.

Isso significa que o fato de vermos algo muito bom e positivo em nós não significa necessariamente que tenhamos uma imagem correta acerca de nós mesmos, ou, em outras palavras, um entendimento correto de nossa verdadeira identidade. Não adianta apenas crer e afirmar que somos aquilo que não somos. O entendimento correto da identidade está ligado à compreensão do que o Senhor chamou cada um para fazer. Se Deus não nos chamou para ocupar um ofício ou posição, não adianta simplesmente projetar, a nosso respeito, algo que apenas julgamos ser bom.

Necessitamos de uma autoimagem correta. Não adianta simplesmente trocar inferioridade por superioridade, nem trocar pessimismo por otimismo. A nossa identidade tem de ser formada pela revelação de quem, de fato, somos no Senhor e o que Ele nos comissionou a fazer. Não basta alguém afirmar ser apóstolo ou qualquer outra coisa se, aos olhos de Deus, ele não é. Pessoas que agem dessa forma são biblicamente denominadas **mentirosas**, porque falam de si mesmas aquilo que não são.

Na época de Atos, em que havia um time apostólico de expressão muito forte, se alguém se levantasse e alegasse ser apóstolo, era prova de que a sua autoimagem não estava tão deficitária. Mas não é suficiente não ter uma autoimagem negativa. Digo isso, porque quem tem uma imagem "excessivamente positiva" e irreal de si mesmo, que não se baseia no comissionamento divino, também atrapalhará o cumprimento do propósito celestial para sua vida.

Por isso, uma autoimagem correta requer equilíbrio. Se, por um lado, não precisamos supervalorizar nossas limitações naturais, por outro, não podemos deixar de reconhecer que o próprio Deus coloca diante de nós certos limites que jamais deveriam ser transpostos. Então, o mesmo chamado ao ministério que **remove** limites [naturais, humanos] também os **estabelece** [até onde podemos ir e o que podemos fazer]. Observe essa declaração de Paulo:

> Nós, porém, não nos gloriaremos além da medida, mas *respeitamos o limite da esfera de ação que Deus nos demarcou* e que se estende até vocês. Porque **não ultrapassamos os nossos limites** como se não devêssemos chegar até vocês, pois já chegamos até vocês com o evangelho de Cristo. Não nos gloriamos além da medida no trabalho que outros fizeram, mas temos a esperança de que, à medida que cresce a fé que vocês têm, seremos cada vez mais engrandecidos entre vocês, **dentro da nossa esfera de ação**. (2 Coríntios 10.13-15 – grifo do autor)

O apóstolo dizia que, da mesma forma que não podemos ficar **aquém** daquilo que Deus tem para nós, também não podemos ir **além**. Ele esclareceu que há um limite em nossa esfera de ação individual. O que se pode e o que não se pode fazer é algo que precisa ser discernido por cada um. E o entendimento da esfera de ação está atrelado à compreensão do chamado, do nosso comissionamento.

OLHANDO NO ESPELHO

Tiago, irmão do Senhor (cf. Gálatas 1.19) e reputado como coluna da Igreja em Jerusalém (cf. Gálatas 2.9), apresenta-nos uma interessante alegoria:

> Sejam praticantes da palavra e não somente ouvintes, enganando a vocês mesmos. Porque, se alguém é ouvinte da palavra e não praticante, assemelha-se àquele que **contempla o seu rosto natural num espelho**; pois contempla a si mesmo, se retira e logo esquece como era a sua aparência. Mas aquele que **atenta** bem para a lei perfeita, lei da liberdade, e nela persevera, não sendo ouvinte que logo se esquece, mas operoso praticante, esse será bem-aventurado no que realizar. (Tiago 1.22-25 – grifo do autor)

CAPÍTULO 5

A Bíblia associa, recorrentemente, a bem-aventurança à obediência aos mandamentos divinos. Mas podemos afirmar que ela também está ligada à capacidade de entender o que a Palavra de Deus diz a nosso respeito, daquilo que nós verdadeiramente somos.

Sobre isso, Tiago, ao mencionar o ouvinte que não é praticante, compara-o a quem se olha no espelho, mas, depois, não se lembra de como é. Podemos presumir que o inverso também é verdadeiro: que o ouvinte que é praticante recorda com exatidão da imagem vista no espelho. Nessa alegoria, ouvir a Palavra de Deus assemelha-se a contemplar o próprio reflexo. Lembrar-se ou não do que foi visto no espelho dependerá se a pessoa será ou não uma praticante da Palavra. Em suma, a própria Bíblia afirma ser o verdadeiro espelho que revela nossa verdadeira identidade.

E como devemos nos enxergar? Não somos necessariamente aquilo que os nossos pais disseram que somos; nem tampouco aquilo que enxergamos no espelho natural, ou observando a história da nossa vida. Precisamos nos enxergar corretamente por meio de Deus, e isso só é possível quando olhamos através das lentes da revelação bíblica. A razão pela qual precisamos mergulhar mais profundamente nas Escrituras não é apenas para se obter conhecimento doutrinário, informação; afinal de contas, quanto mais tempo gastamos meditando na Palavra, mais compreendemos quem o Senhor é e quem nós somos n'Ele.

Lendo a Bíblia, depararemo-nos com nossas limitações — que são parte do propósito dessa exposição ao espelho —, e isso acabará produzindo em nós um senso de dependência de Deus. Também encontraremos textos que nos mostram que neste mundo somos como Ele (cf. 1 João 4.17) entre outros que nos confortam e confrontam. Tudo isso, se revelado a nós, formará a nossa identidade.

Se queremos, de fato, ter a identidade constantemente transformada no Senhor, devemos estar em acordo com Ele (cf. Amós 3.3). Isso significa que temos de nos enxergar exatamente como Deus nos vê; pensar em nós como Ele pensa. Não podemos, à semelhança daqueles dez espias retornando de Canaã, dizer: "Éramos, aos nossos próprios olhos, como gafanhotos". Temos de entender, crer e declarar: "Se Deus não me vê assim; então não aceito me enxergar de forma diferente daquela que Deus me vê".

Para isso, precisamos entender a perspectiva bíblica e, assim, concordar com o Senhor. Isso se dá por meio não apenas da leitura, mas também da meditação e reflexão das Escrituras, como em um processo de ruminação, regurgitando e mastigando o alimento mais de uma vez para digerir melhor. É assim que a vaca faz, e acredito que esse seja um excelente exemplo a seguir com relação à Palavra de Deus. Ao refletir sobre as Escrituras, nós nos permitimos ser inspirados pelo que enxergamos nesse espelho bendito. E o que impacta a nossa compreensão de identidade afeta o nosso coração, e determina o curso da nossa vida.

Muitos perdem e deixam de viver a plenitude de Deus para suas vidas por nunca se enxergarem da maneira certa. Preferem se manter confortáveis e seguros dentro de suas cascas de inferioridade ou superioridade do que se abrirem para o tratamento divino. Tratar a identidade e o caráter nunca é tarefa fácil ou indolor, mas é o único caminho para os que desejam andar com Cristo verdadeiramente. Aliás, dentro disso, ouso dizer que quase nada seja tão delicado e complicado para o cristão quanto o orgulho. A Bíblia diz que a soberba precede a queda (cf. Provérbios 16.18), e isso, creio eu, seja pelo fato de que, quando o Maligno não consegue parar alguém com uma autoimagem inferior, tenta levá-lo ao outro extremo. É por essa razão que devemos buscar o equilíbrio em Deus e, na compreensão de Sua Palavra. Não podemos nos imaginar grandes a ponto de querer ser ou fazer aquilo que não somos nem fomos chamados a fazer.

Aqueles dez espias que se viam como gafanhotos morreram; Deus os julgou. Eles não entraram na Terra Prometida, e o restante daquela geração também não. Isso me faz concluir que a não compreensão da nossa identidade afetará o cumprimento do nosso propósito. Isso é muito sério. Gosto muito de ler a biografia de homens e mulheres que, em Deus, fizeram história e foram ímpares em sua geração, e reconheço que um dos pontos em comum entre quase todos é que, em algum momento, eles conseguiram ter uma compreensão diferenciada de sua verdadeira identidade. Isso, consequentemente, levou-os ao cumprimento de um propósito igualmente diferenciado.

É necessário reconhecer o poder da autoimagem, seja a correta ou a errada. Josué e Calebe herdaram a terra porque viram a si mesmos como o Senhor os via, enquanto todos os outros que ficaram de fora, não. Isso deve ser o suficiente para trazer temor ao nosso coração e nos levar a investir na compreensão de nossa identidade, de modo que possamos cumprir nosso propósito e chegar ao nosso destino.

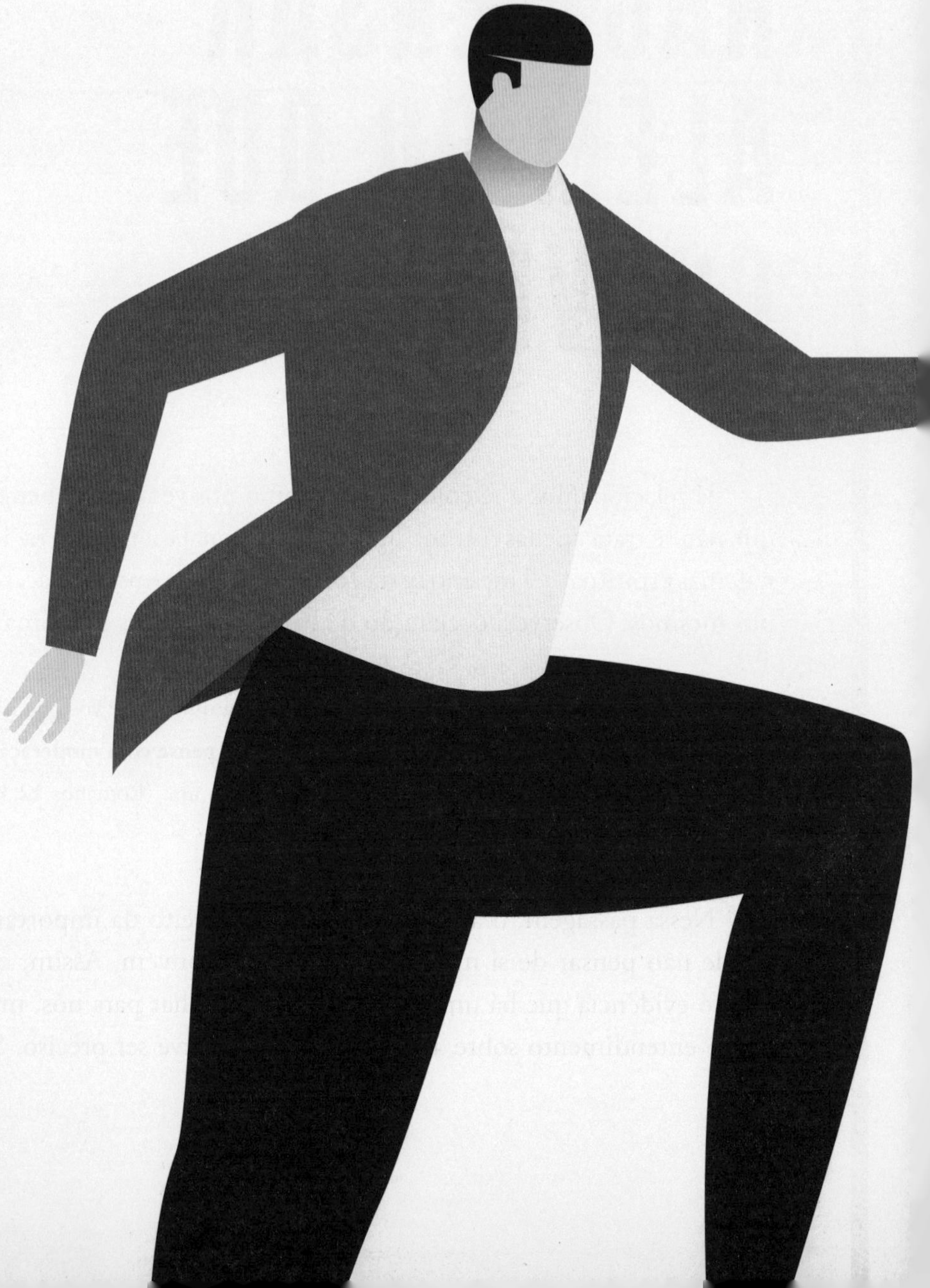

Capítulo 6
NÃO PENSAR ALÉM DO QUE CONVÉM

Já relacionamos a fé com a forma como nos vemos, e sabemos que não se trata apenas de uma questão emocional ou mesmo racional, mas espiritual. O mesmo se dá com aquilo que pensamos acerca nós mesmos. Observe a declaração de Paulo aos crentes de Roma:

> Porque, pela graça que me foi dada, digo a cada um dentre vós que **não pense de si mesmo além do que convém**; antes, **pense com moderação**, segundo a **medida da fé** que Deus repartiu a cada um. (Romanos 12.3 – ACF – grifo do autor)

Nessa passagem, o apóstolo discorre a respeito da importância de não pensar de si mesmo além do que convém. Assim, ele não só evidencia que há uma forma correta de olhar para nós, mas que o entendimento sobre a nossa identidade deve ser preciso. Se pensarmos **mais** ou **menos** do que convém, erraremos. Por isso, neste capítulo, tratarei do perigo de pensar **além de nossa identidade**, ou seja, em excesso. E, no próximo, abordarei sobre o risco de pensar **aquém**, em falta. Tratam-se de dois aspectos distintos de um mesmo erro: não pensar corretamente acerca de quem somos.

Além de destacar a importância de pensar com moderação, Paulo ainda relaciona tal atitude com o uso da medida de fé que Deus repartiu com cada um de nós. Isso quer dizer que temos de pensar a nosso respeito de acordo com essa porção; e se esta tem a ver com fé, faz-se necessário entender o papel da Escritura Sagrada na formação dessa imagem, uma vez que está escrito: "E, assim, a fé vem pelo ouvir, e o ouvir, pela palavra de Cristo" (Romanos 10.17). Isso nos revela que o que gera fé em nosso coração, até mesmo em relação à nossa própria imagem, não é a tentativa de nos convencer de que somos alguma coisa, e, sim, a compreensão das declarações que o Senhor faz sobre nós em Sua Palavra.

Assim, baseado na moderação, apontarei para três pontos em que se manifesta uma verdadeira guerra em relação ao equilíbrio do que pensamos acerca de nós mesmos:

1. Orgulho *versus* humildade;

2. Independência *versus* interdependência;

3. Vanglória *versus* glória a Deus.

Passemos a examinar, portanto, cada um desses contrastes.

ORGULHO X HUMILDADE

O orgulho é um tropeço a ser evitado; ele pode causar muitos danos, mais do que conseguimos mensurar. Consideremos essa advertência apostólica:

> Que o bispo não seja recém-convertido, para não acontecer que **fique cheio de orgulh**o e **incorra na condenação do diabo**. (1 Timóteo 3.6 – grifo do autor)

Nesse trecho, Paulo deu orientações a Timóteo sobre quem poderia ser estabelecido como bispo e risca o novo convertido da lista de candidatos. A razão disso? A sua nítida vulnerabilidade ao orgulho. A Bíblia fala desse pecado como o responsável pela condenação do Diabo. Na sequência, no versículo 7, o apóstolo adverte de que esse laço também pode nos enredar da mesma forma que fez com Satanás. Quando se fala do motivo de sua queda, não podemos evitar considerar os textos bíblicos de onde Paulo extraiu a informação de que ela foi originada no orgulho:

> Veja como você caiu do céu, ó estrela da manhã, filho da alva! Veja como você foi lançado por terra, você que debilitava as nações! Você pensava assim: "Subirei ao céu, **exaltarei o meu trono** acima das estrelas e me assentarei no monte da congregação, nas extremidades do Norte. **Subirei acima das mais altas nuvens e serei semelhante ao Altíssimo**." Mas você descerá ao mundo dos mortos, no mais profundo do abismo. (Isaías 14.12-15 – grifo do autor)

> — Filho do homem, faça uma lamentação sobre o rei de Tiro e diga-lhe: Assim diz o Senhor Deus: "Você era o modelo da perfeição, cheio de sabedoria e perfeito em formosura. Você estava no Éden, jardim de Deus, e se cobria de todas as pedras preciosas: sárdio, topázio, diamante, berilo, ônix, jaspe, safira, carbúnculo e esmeralda. Os seus engastes e ornamentos eram feitos de ouro e foram preparados no dia em que você foi criado. Você era um **querubim da guarda**, que foi ungido. Eu o estabeleci. Você permanecia no monte santo de Deus e andava no meio das pedras brilhantes. Você era perfeito nos seus caminhos, desde o dia em que foi criado **até que se achou iniquidade em você**. Na multiplicação do seu comércio, você se encheu de violência e pecou. Por isso, ó querubim da guarda, eu o profanei e lancei

fora do monte de Deus; eu o expulsei do meio das pedras brilhantes. **Você ficou orgulhoso por causa da sua formosura**; corrompeu a sua sabedoria por causa do seu resplendor [...]". (Ezequiel 28.12-17 – grifo do autor)

O capítulo 14 de Isaías é uma profecia contra o rei da Babilônia, e o capítulo 28 de Ezequiel, uma profecia contra o rei de Tiro. Nelas, encontramos a chamada **Lei de Dupla Referência**, que aponta para o fato de que algumas profecias se referem a duas pessoas ou coisas ao mesmo tempo, ainda que uma seja parcial e outra plena. Isso se aplica a acontecimentos e a pessoas, que, muitas vezes, são tipos e representações.

À primeira vista, tanto a profecia de Isaías 14 como a de Ezequiel 28 parecem referir-se meramente a reis humanos. No entanto, algumas das descrições desses trechos dizem respeito a alguém que seria muito mais do que um simples monarca, por mais poderoso que fosse. Em nenhum sentido um rei terreno poderia afirmar ter estado "no Éden", ser "o querubim ungido", estar "no monte santo de Deus", nem poderia dizer: "subirei ao céu; acima das estrelas de Deus exaltarei o meu trono"; tampouco se diria de algum rei: "caíste do céu, ó estrela da manhã", "eras querubim da guarda ungido". Por isso, a maioria dos estudiosos da Bíblia defende que Isaías 14 e Ezequiel 28 são profecias de Dupla Referência, comparando o orgulho dos reis de Tiro e da Babilônia ao de Satanás.

Ademais, Paulo não atribuiria a queda do Diabo ao orgulho sem enxergar essa informação nas Escrituras. Portanto, essa é a razão da advertência apostólica: o laço do orgulho pode enredar até mesmo as pessoas que têm o chamado ao ministério. Na verdade, isso pode acontecer com qualquer um, pois é intrínseco à natureza humana. O mesmo apóstolo que reconhecia o risco da soberba nos outros também entendia que precisava guardar o seu próprio coração. Por esse motivo, de forma honesta, compartilhou com os cristãos de Corinto:

NÃO PENSAR ALÉM DO QUE CONVÉM

> Se é necessário que eu me glorie, ainda que não seja conveniente, vou falar a respeito das visões e revelações do Senhor. Conheço um homem em Cristo que, há catorze anos, foi arrebatado até o terceiro céu. Se isso foi no corpo ou fora do corpo, não sei; Deus o sabe. E sei que esse homem — se no corpo ou sem o corpo, não sei; Deus o sabe — foi arrebatado ao paraíso e ouviu palavras indizíveis, que homem nenhum tem permissão para repetir. Desse eu me gloriarei; não, porém, de mim mesmo, a não ser nas minhas fraquezas. Pois, se eu vier a gloriar-me, não serei louco, porque estarei falando a verdade. Mas evito fazer isso para que ninguém se preocupe comigo mais do que vê em mim ou do que ouve de mim. E, **para que eu não ficasse orgulhoso com a grandeza das revelações**, foi-me posto um espinho na carne, mensageiro de Satanás, para me esbofetear, a fim de que eu não me exalte. Três vezes pedi ao Senhor que o afastasse de mim. Então ele me disse: "A minha graça é o que basta para você, porque o poder se aperfeiçoa na fraqueza." De boa vontade, pois, mais me gloriarei nas fraquezas, para que sobre mim repouse o poder de Cristo. (2 Coríntios 12.1-9 – grifo do autor)

Em outras palavras, ele dizia: "Eu não deveria me gloriar, mas vocês estão me pressionando a fazê-lo". Isso, porque a igreja de Corinto já não reconhecia mais o ministério e a autoridade do apóstolo. Paulo, então, começou a se posicionar e defender. Ele compartilhou de seu sofrimento, das perseguições, do que havia passado, e, em tudo o que dizia, sustentava a mesma lógica: "Eu não deveria me gloriar".

Todavia, ele afirma: "Se é necessário que eu me glorie, ainda que não seja conveniente, vou falar a respeito das visões e revelações do Senhor". Desse modo, passa a discorrer, acima do sofrimento, trabalho, perseguições e conquistas, sobre suas experiências com Deus, e mostra que até o fato de ter uma experiência sobrenatural extraordinária poderia empurrá-lo para o lugar errado — o da soberba e orgulho. Isso quer dizer que a Escritura apresenta, recorrentemente, uma área em que todo cristão deve ter cuidado.

CAPÍTULO 6

E como devemos olhar para a soberba? Ela é o precedente da queda (cf. Provérbios 16.18), e isso é evidente quando avistamos ministros e líderes que, depois que suas igrejas ou ministérios começam a crescer, iludem-se a ponto de achar que foi por causa deles. Acabam por permitir que o sucesso os empurre para uma convicção completamente equivocada; perdem a percepção da graça de Deus [e de uma identidade correta n'Ele], e começam a se achar grandes, cedendo à presunção. Precisamos entender quão danoso isso é:

> Mas ele nos dá cada vez mais graça. Por isso diz: "**Deus resiste aos soberbos**, mas **dá graça aos humildes**". (Tiago 4.6 – grifo do autor)

A Sagrada Escritura atesta que Deus resiste ao soberbo. Portanto, num dado momento, quando esses ministros cedem à arrogância, quem começa a resistir ao seu crescimento ministerial não é necessariamente o Diabo, mas o próprio Deus. Talvez isso nos ajude a entender por que, em alguns casos, depois de tanto sucesso, certos ministérios não apenas deixam de avançar como também passam a recuar diante daquilo que edificaram.

Por isso, repito: é essencial entender a importância de permanecer na condição de humildade e não se deixar levar pela soberba. O orgulho rouba de Deus o devido reconhecimento que Lhe é devido, que foi quem nos levantou e habilitou para realizar o que quer que seja. Essa, portanto, pode ser a razão pela qual o Senhor precisa remover alguém de um lugar por Ele estabelecido. Atentemos para a lição de Nabucodonozor, que toma praticamente um capítulo inteiro do livro de Daniel e foi escrita para o nosso ensino (cf. Romanos 15.4):

> O rei Nabucodonosor às pessoas de todos os povos, nações e línguas, que habitam em toda a terra: "Que a paz lhes seja multiplicada! Pareceu-me bem **tornar conhecidos** os sinais e as maravilhas que Deus, o Altíssimo, tem feito para comigo". "Como são grandes os seus sinais, e como são poderosas as

suas maravilhas! O seu reino é um reino eterno, e o seu domínio se estende de geração em geração". (Daniel 4.1-3 – grifo do autor)

Esse homem, que ocupou a maior posição de autoridade e domínio que um ser humano poderia desejar, até então, na história da humanidade — uma vez que se tornou o rei do primeiro império mundial —, reconheceu que tinha uma lição a ser comunicada às pessoas de toda a Terra. Ele se via compelido a compartilhar as ações e maravilhas divinas operadas para consigo. Isso poderia sugerir que ele tinha uma "bênção recebida" para contar, não é mesmo? E é verdade. A diferença, entretanto, é que provavelmente essa "bênção" não seria reconhecida por muitos cristãos como tal. Afinal de contas, foi um ensinamento decorrente de humilhação e dor:

— Eu, Nabucodonosor, estava tranquilo em minha casa e feliz no meu palácio. **Tive um sonho que me espantou**. Quando eu estava na minha cama, os pensamentos e as visões que passaram diante dos meus olhos me perturbaram. Por isso, expedi um decreto, ordenando que fossem trazidos à minha presença todos os sábios da Babilônia, para que me revelassem a interpretação do sonho. Então vieram os magos, os encantadores, os caldeus e os feiticeiros. Eu lhes contei o sonho, mas eles não puderam me revelar a sua interpretação. Por fim, **apresentou-se Daniel**, que é chamado de Beltessazar, em honra ao nome do meu deus. Ele tem o espírito dos santos deuses, e eu lhe contei o sonho, dizendo: "Beltessazar, chefe dos magos, eu sei que você tem o espírito dos santos deuses e que não há mistério que você não possa explicar. **Vou lhe contar o sonho que eu tive, para que você me diga o que ele significa**". (Daniel 4.4-9 – grifo do autor)

E o profeta, depois de ouvir em detalhes o sonho de Nabucodonosor, apesar de incomodado pelo que significaria explicar a sentença divina que fora revelada na visão, anunciou ao rei a sua interpretação:

> Ele nos chamou não porque nos considerava superiores ou muito bons e, sim, porque decidiu nos capacitar sobrenaturalmente.

NÃO PENSAR ALÉM DO QUE CONVÉM

Então Daniel, cujo nome era Beltessazar, ficou perplexo por algum tempo, e os seus pensamentos o perturbavam. Então o rei lhe disse: — Beltessazar, não deixe que o sonho ou a sua interpretação o perturbem. Beltessazar respondeu: — Meu senhor, quem dera o sonho fosse a respeito daqueles que o odeiam, e a sua interpretação se aplicasse aos seus inimigos! A árvore que o senhor viu, que cresceu e se tornou forte, cuja altura chegou até o céu, que foi vista por toda a terra, cuja folhagem era bela, cujo fruto era abundante, na qual havia sustento para todos, debaixo da qual os animais selvagens achavam sombra, e em cujos ramos as aves do céu faziam morada, **aquela árvore é o senhor, ó rei, que cresceu e veio a ser forte**. A sua grandeza, ó rei, cresceu e chega até o céu, e o seu domínio se estende até a extremidade da terra. Quanto ao vigilante ou santo que o rei viu, que descia do céu e que dizia: "Cortem e destruam a árvore, mas deixem o toco com as raízes na terra, amarrado com correntes de ferro e de bronze, em meio à erva do campo; que esse toco seja molhado pelo orvalho do céu, e que a parte que lhe cabe seja com os animais selvagens, até que passem sobre ele sete tempos", esta é a interpretação, ó rei, e este é o decreto do Altíssimo, que virá contra meu senhor, o rei: o senhor será expulso do meio das pessoas, e a sua morada será com os animais selvagens; o senhor comerá capim como os bois, e será molhado pelo orvalho do céu; e passarão sete tempos, até que o senhor, ó rei, reconheça que o Altíssimo tem domínio sobre os reinos do mundo e os dá a quem ele quer. Quanto ao que foi dito, que se deixasse o toco da árvore com as suas raízes, isto significa que o seu reino voltará a ser seu, depois que o senhor tiver reconhecido que o Céu domina. Portanto, ó rei, aceite o meu conselho: abandone os seus pecados, praticando a justiça, e acabe com as suas iniquidades, usando de misericórdia para com os pobres; assim talvez a sua tranquilidade se prolongue. (Daniel 4.19-27 – grifo do autor)

O tempo passou e, aparentemente, Nabucodonosor esqueceu-se da advertência divina: "Passados doze meses, quando estava passeando no terraço do palácio real da cidade da Babilônia, o rei disse: — Não é esta a grande Babilônia que eu construí para a casa real, com o meu grandioso poder e para glória da minha majestade?" (Daniel 4.29-30).

Ao ler esse texto, imagino o rei admirando os jardins suspensos da Babilônia e tudo que ele tinha construído lá, e ruminando em seu coração: "Eu sou O cara". É lógico que se tratava de feitos sem precedentes na História. Mas Deus nunca quis que o rei se esquecesse de quem o havia colocado naquele lugar e permitido vivenciar tudo aquilo. Então, a Bíblia continua contando:

> Enquanto o rei ainda falava, veio uma voz do céu, que disse: — A você, rei Nabucodonosor, se anuncia o seguinte: Este reino lhe foi tirado. Você será expulso do meio das pessoas, e a sua morada será com os animais selvagens; você comerá capim como os bois, e passarão sete tempos, **até que você reconheça que o Altíssimo tem domínio sobre os reinos do mundo e os dá a quem ele quer**. No mesmo instante, se cumpriu a palavra sobre Nabucodonosor. Ele foi expulso do meio das pessoas e começou a comer capim como os bois. O seu corpo foi molhado pelo orvalho do céu, até que lhe cresceram os cabelos como as penas da águia, e as suas unhas, como as garras das aves. (Daniel 4.31-33 – grifo do autor)

Aconteceu conforme o sonho tinha predito. O seu reino lhe fora tirado e aquele homem de glória elevadíssima passou a viver como um animal. O juízo era permanente e irreversível? Não. Havia sido dito que teria um prazo de validade, que não deve ser confundido apenas com "sete tempos" [que significam sete anos] e, sim, com o cumprimento do propósito daquele tempo: "até que você reconheça que o Altíssimo tem domínio sobre os reinos do mundo e os dá a quem Ele quer". A profecia previa que levariam sete anos para o monarca assumir seu erro; mas a reversão do juízo se daria somente depois do reconhecimento.

Em outras palavras, o Eterno dizia: "Quando você, Nabucodonosor, deixar de achar que é ou fez alguma coisa por si mesmo, e reconhecer a Minha grandeza, então, Eu restituirei você ao seu cargo, mas apenas depois de aprendida a lição". E foi exatamente o que ocorreu:

> — Mas ao fim daqueles dias, eu, Nabucodonosor, levantei os olhos ao céu, e **recuperei o entendimento. Então eu bendisse o Altíssimo, e louvei e glorifiquei aquele que vive para sempre**: "O seu domínio é eterno, e o seu reino se estende de geração em geração. Todos os moradores da terra são considerados como nada, e o Altíssimo faz o que quer com o exército do céu e com os moradores da terra. Não há quem possa deter a sua mão, nem questionar o que ele faz."
> — Nesse tempo, recuperei o entendimento e, para a dignidade do meu reino, recuperei também a minha majestade e o meu resplendor. Os meus conselheiros e os homens importantes vieram me procurar, fui restabelecido no meu reino, e a minha grandeza se tornou ainda maior. **Agora eu, Nabucodonosor, louvo, engrandeço e glorifico o Rei do céu**, porque todas as suas obras são verdadeiras, e os seus caminhos são justos. **Ele tem poder para humilhar os orgulhosos**. (Daniel 4.34-37 – grifo do autor)

O mesmo Deus que levantou o rei também o abateu até que ele reconhecesse a glória do Rei do Céu. Posteriormente, em diálogo com Belsazar, filho de Nabucodonosor, Daniel especificou que o pecado cometido havia sido o orgulho: "Mas, quando o coração dele se elevou, e o seu espírito se tornou orgulhoso e arrogante, foi derrubado do seu trono real e perdeu toda a sua glória" (Daniel 5.20). E emendou: "— E o senhor, rei Belsazar, que é filho de Nabucodonosor, não humilhou o seu coração, mesmo sabendo de tudo isso" (Daniel 5.22).

Isto é, Daniel destacou que a lição divina dada ao rei da Babilônia não era exclusivamente dele; todos os que tomassem conhecimento do que se deu com Nabucodonosor deveriam aprender com seu exemplo. É por isso que o Altíssimo fez questão de que ficasse registrado nas Sagradas Escrituras: para que eu e você também pudéssemos aprender a lição. E isso não é um evento — ou assunto — isolado do Antigo Testamento, é um princípio bíblico. O Senhor Jesus asseverou: "Quem se exaltar será humilhado; e quem se humilhar será exaltado" (Mateus 23.12). A palavra empregada no original grego e traduzida como "quem" é *hostis* (οστις), e também significa: "quem quer que" ou "qualquer que".[1] Logo, trata-se de uma lei espiritual que se aplica a qualquer um, individualmente, bem como a todos, coletivamente. E não há exceções!

Muitas vezes, refletindo sobre esse trecho de Mateus 23, desde a minha adolescência, tinha a sensação de que Deus parecia ser "do contra": que aquele que queria se levantar o Senhor derrubava, e o que estava feliz lá embaixo, Ele desejava erguer. Equivocadamente, cheguei a concluir que Deus não queria nos deixar onde queríamos ficar. Demorei um pouco para entender a sabedoria — e proteção — divina que, na verdade, indica que aquele que exalta a si mesmo, ou anseia a própria exaltação, precisa ser abatido, caso contrário, as coisas se tornarão ainda piores. O anseio de ser promovido é a raiz do orgulho, e terminará em abatimento, à semelhança de Nabucodonosor. Entretanto, aquele que se humilha, que escolhe entrar no terreno da humildade, será exaltado, pois seu coração está posicionado de maneira correta e, por esse motivo, poderá chegar ao destino que o Senhor deseja sem confundir o favor divino com as habilidades próprias [o que justificaria o merecimento].

É por isso que Deus dá graça aos humildes. Se a definição da nossa identidade e a execução do nosso propósito está ligada à graça divina, então uma forma de permanecer nesse fluxo é mantendo um coração humilde. Humildade, como já mencionei, não é inferioridade, mediocridade ou autodepreciação. Da mesma maneira, Deus revela nossa identidade n'Ele e também as nossas limitações, para que isso produza **dependência** em nosso íntimo.

---

[1] STRONG, James. **New Strong's exhaustive concordance of the Bible**. Nashville: Thomas Nelson Publishers, 1990.

Porém, a humildade não é automática ou espontânea na vida cristã; trata-se de algo que aprendemos. Lembremos do que Jesus declarou em Mateus 11.29: "[...] aprendam de mim, porque sou manso e humilde de coração [...]". Algumas coisas são aprendidas e desenvolvidas, e não intrínsecas a nós. O contentamento também é uma delas (cf. Filipenses 4.11). Precisamos buscar em Deus esse coração e atitude correta, porque pensar além do que convém é tão nocivo quanto pensar aquém do que convém.

Para uma identidade transformada, não basta só enxergar o que é positivo, eliminando o negativo. Não é simplesmente ser otimista e cortar o pessimismo de nossas vidas. É conseguir enxergar que não somos nada **aquém** do que Deus diz que somos, mas que também jamais seremos ou poderemos estar em uma posição **além** daquilo que nos define.

Eu acredito que precisamos **continuamente** buscar o Senhor para que os nossos corações se mantenham conectados com a humildade — sem autodepreciação —, mas reconhecendo que o motivo de todo sucesso e conquista foi, é, e sempre será a graça, o favor e a bondade do Senhor; não porque sejamos maiores ou melhores do que alguém. Simples assim.

INDEPENDÊNCIA X INTERDEPENDÊNCIA

O segundo aspecto de contraste a ser considerado coloca a independência de um lado e a interdependência de outro. Esse erro de pensar além do que convém tem levado muita gente a se isolar, distanciando-se dos outros. Tais pessoas ignoram a advertência da sabedoria divina: "O solitário busca o seu próprio interesse e se opõe à verdadeira sabedoria" (Provérbios 18.1). E, sobre isso, o meu amigo Danilo Figueira costuma dizer: "O ato de isolamento é uma atitude egoísta, rebelde e burra". Explico: egoísta, porque a Bíblia diz que aquele que age dessa maneira está buscando apenas os seus interesses; rebelde, porque se torna uma oposição contra a sabedoria; e, justamente por opor-se à verdadeira sabedoria, pode ser classificada como burra.

O que leva alguém a se desconectar dos outros não é apenas um sentimento de inferioridade ou a falta de pertencimento. Muitas vezes, a sensação de superioridade produz exatamente a mesma atitude de isolamento. Infelizmente, muitos escolheram viver em um lugar de completa independência das outras pessoas, ignorando o fato de que Deus criou o ser humano para ser sociável. O Criador atestou sobre Adão, o primeiro homem: "[...] Não é bom que o homem esteja só [...]" (Gênesis 2.18). Se o próprio Deus diz que não é bom que uma pessoa viva só, como podemos pensar de modo diferente? Os relacionamentos são importantes e necessários para todos nós.

Além disso, em diversos casos, a razão do isolamento pode ser simplesmente porque a pessoa está buscando os seus interesses. Ela quer promover apenas a si mesma, e isso não é um indicador positivo. Especialmente pelo fato de a advertência bíblica ser tão clara: "Consideremo-nos também uns aos outros [...]" (Hebreus 10.24 – ARA). A palavra grega, empregada nos manuscritos originais, traduzida como "consideremos" é *katanoeo* (κατανοεω), e significa: "perceber, notar, observar, entender, considerar atenciosamente, fixar os olhos ou a mente em alguém".[2] Explicando de maneira mais simples, a Escritura nos admoesta a enxergar os outros, a prestar a atenção em nossos irmãos na fé. E por que a Bíblia nos convocaria a tal ação? Para que haja **interação** entre nós e as pessoas que consideramos, e também: "[...] para nos estimularmos ao amor e às boas obras" (Hebreus 10.24 – ARA).

Eu acredito que todos necessitamos de um coração **ensinável**. Deus não quer que caminhemos em independência e autossuficiência, desconectados de tudo e todos. Mas, em contrapartida,

---

[2] *Ibid.*

NÃO PENSAR ALÉM DO QUE CONVÉM

precisamos ter cuidado para não nos deixarmos levar ao outro extremo: uma dependência exagerada. O ponto de equilíbrio, portanto, é a interdependência:

> Os olhos não podem dizer à mão: "**Não precisamos de você**." E a cabeça não pode dizer aos pés: "**Não preciso de vocês.**" Pelo contrário, os membros do corpo que parecem ser mais fracos são necessários, e os que nos parecem menos dignos no corpo, a estes damos muito maior honra. Também os que em nós não são decorosos revestimos de especial honra, ao passo que os nossos membros nobres não têm necessidade disso. Contudo, Deus coordenou o corpo, concedendo muito mais honra àquilo que menos tinha, **para que não haja divisão no corpo**, mas **para que os membros cooperem, com igual cuidado, em favor uns dos outros**. De maneira que, se um membro sofre, todos sofrem com ele; e, se um deles é honrado, todos os outros se alegram com ele. Ora, vocês são o corpo de Cristo e, individualmente, membros desse corpo. (1 Coríntios 12.21-27 – grifo do autor)

Nessa analogia, a Bíblia mostra que cada membro do Corpo tem a sua função e está investido de importância. Portanto, um cristão não pode dizer a outro: "Eu não preciso de você". Tenho testemunhado, ao longo de décadas, o prejuízo [e, em alguns casos, a ruína] de vários ministérios que não reconheceram a graça e a operação do favor de Deus em outros ministérios, simplesmente porque o estilo destes era diferente.

Muitos cristãos vivem em um ambiente de completa independência e desconexão dos demais membros do Corpo de Cristo, e é preciso reconhecer que Deus não dará tudo a uma pessoa só, nem fará toda a Sua obra por meio de um só indivíduo. Moisés era alguém com quem o Senhor falava face a face, como um homem fala ao seu amigo (cf. Êxodo 33.11); no entanto, apesar do relacionamento direto com o Altíssimo, precisou ouvir conselhos de outras pessoas. Jetro, seu sogro, por exemplo, percebendo que Moisés tentava atender as demandas do povo sozinho, desde a manhã até a tarde, reconheceu, de imediato, a inviabilidade daquele método:

> O sogro de Moisés, porém, lhe disse: — **Não é bom o que você está fazendo**. Com certeza todos ficarão cansados, tanto você como este povo que está com você. **Isto é pesado demais para você; você não pode fazer isso sozinho**. Escute agora o que vou dizer. Eu o aconselharei, e que Deus esteja com você. **Represente o povo diante de Deus**, leve as suas causas a Deus, **ensine-lhes os estatutos e as leis** e faça com que conheçam o caminho em que devem andar e a obra que devem fazer. **Procure entre o povo homens capazes**, tementes a Deus, homens que amam a verdade e odeiam a corrupção. **Coloque-os como chefes do povo**: chefes de mil, chefes de cem, chefes de cinquenta e chefes de dez, para que julguem este povo em todo tempo. **Toda causa grave trarão a você, mas toda causa pequena eles mesmos julgarão; assim será mais fácil para você, e eles o ajudarão a levar essa carga**. Se você fizer isto, e se essa for a ordem de Deus, então você poderá suportar e também todo este povo voltará em paz ao seu lugar. Moisés atendeu às palavras de seu sogro e fez tudo o que este lhe tinha dito. (Êxodo 18.17-24 – grifo do autor)

Este texto revela que mesmo alguém que se assemelhe a Moisés, que ouvia a Deus de forma nítida e cristalina, precisa dar ouvidos à sabedoria divina repartida por meio de outras pessoas. Não importa se o Senhor se relaciona conosco cara a cara, não interessa o nível e a profundidade da percepção que temos do Altíssimo, Ele nunca revelará tudo para uma pessoa só. Jetro repreendeu Moisés por conta da sua maneira de lidar com o povo: "Não é bom o que você está fazendo". Temos aqui um princípio básico de administração. O libertador atendia o povo o dia inteiro, e todos ficavam em pé, esperando serem socorridos. Estamos falando de uma imensa multidão, que Moisés, sozinho, não teria condição de servir completamente. Jetro advertiu: "Você vai acabar com o povo e consigo mesmo". E, para que isso não acontecesse, ele orientou que fossem levantados e treinados homens que o auxiliassem a assistir o povo.

É justamente por verdades como essa, descritas na Palavra, que advirto que ninguém tem o direito de monopolizar o ministério, de segurar as rédeas, achando que tem de fazer tudo sozinho. Quantos pastores estão se matando e matando o rebanho por causa de uma atitude de independência? Aliás, é por conta de atitudes assim, enraizadas no orgulho, que pensamentos estúpidos e egocêntricos acabam surgindo, como: "Ninguém faz isso do mesmo jeito que eu". Quem age assim não está só assassinando a obra de Deus como também estabelecendo um prazo de validade para o próprio ministério.

Por outro lado, se houver o entendimento da cooperação mútua e da coletividade, o propósito de Deus se desenvolverá de modo saudável. No caso de Moisés, o Senhor, que falava com ele face a face, não comunicou aquele princípio de administração de forma direta. Por quê? Pelo mesmo motivo que já citei: creio que o Eterno faça questão de não falar tudo para nenhum de nós, pois isso geraria um sentimento de independência e orgulho, desconectando-nos das pessoas.

Então, é muito importante entender a bênção de um convívio sadio, em que não há **dependência** ou **independência** excessiva, mas, sim, interdependência, que é quando sabemos que precisamos equilibradamente uns dos outros.

VANGLÓRIA X GLÓRIA A DEUS

Em terceiro e último lugar, ao tratar do que quer dizer não pensar além do que convém, temos de entender tanto o risco quanto os danos da **vanglória**. Escrevendo aos santos de Filipos, Paulo, pelo Espírito Santo, abordou sobre esse assunto:

> **Nada façais por** partidarismo ou **vanglória**, mas por humildade, considerando cada um os outros superiores a si mesmo. (Filipenses 2.3 – ARA – grifo do autor)

CAPÍTULO 6

E qual o significado de vanglória? A palavra grega utilizada pelo apóstolo, nos manuscritos originais, é *kenodoxia* (κενοδοξια), que quer dizer: "glória vã, sem fundamento; autoestima ou amor-próprio vazios; opinião vã, erro".[3] Basicamente, retrata a inutilidade de gloriar-se em si mesmo.

E é nesse terreno de glória sem fundamento que acabaremos entrando se nos considerarmos superiores aos outros. A fim de nos conduzir a um caminho contrário a esse, Paulo assevera que temos de fazer as coisas por humildade, visando o depósito de Deus, o potencial, a capacidade que Ele concedeu aos outros.

O apóstolo sustenta ainda que, se for para medir, devemos colocar os outros acima de nós, não de modo a nos rebaixar, mas **promover** o outro (cf. Filipenses 2.4). Quando enxergamos os outros, eliminamos a atitude egocêntrica de focar só em nós mesmos, e passamos a experimentar a bênção da interdependência, que não apenas vence o orgulho em nome da humildade, mas também foge da vanglória — estado em que o orgulho acaba nos direcionando. Esta mesma advertência foi dirigida à igreja de Corinto:

> Irmãos, considerem a vocação de vocês. Não foram chamados muitos sábios segundo a carne, nem muitos poderosos, nem muitos de nobre nascimento. Pelo contrário, Deus escolheu as coisas loucas do mundo para envergonhar os sábios e escolheu as coisas fracas do mundo para envergonhar as fortes. E Deus escolheu as coisas humildes do mundo, e as desprezadas, e aquelas que não são, para reduzir a nada as que são, **a fim de que ninguém se glorie na presença de Deus**. (1 Coríntios 1.26-29 – grifo do autor)

Se, hipoteticamente, Deus levantasse apenas quem se acha superior, melhor que os demais, seria possível pressupor que isso terminaria de uma única maneira: com tal pessoa se gloriando. Felizmente, as

---

[3] *Ibid.*

NÃO PENSAR ALÉM DO QUE CONVÉM

Escrituras nos revelam a natureza do Senhor, e não é da vontade d'Ele que trabalhemos em Sua obra porque nos consideramos bons.

Pelo contrário, a Bíblia afirma que Deus escolheu as coisas loucas do mundo, as fracas, desprezadas e as que nada são. Melhor dizendo, Ele nos chamou não porque nos considerava superiores ou muito bons e, sim, porque decidiu nos capacitar sobrenaturalmente. Dessa forma, no tribunal de Cristo, na hora das recompensas, ninguém poderá se apresentar pensando ser "O cara". O único motivo que teremos para nos gloriar será o Senhor e como Ele manifestou Sua graça em nossas vidas (cf. 1 Coríntios 1.31).

Aliás, sinto-me no encargo de explicar que há uma gigantesca diferença entre a vanglória, que é a glória que damos a nós mesmos, e a glória a Deus, aquela que transferimos a quem, de fato, ela pertence. A Escritura Sagrada revela que após séria divergência entre Herodes e os habitantes de Tiro e de Sidom, estes se apresentaram a ele, mediados por Blasto, camarista do rei, e pediram reconciliação, tentando regularizar o abastecimento da sua terra. Nesse contexto, lemos que:

> Em dia designado, Herodes, vestido de traje real, assentado no trono, dirigiu-lhes a palavra. E o povo gritava: — É voz de um deus, e não de um homem! No mesmo instante, um anjo do Senhor feriu Herodes, **por ele não haver dado glória a Deus**; e, comido de vermes, morreu. (Atos 12.21-23 – grifo do autor)

Ora, nem todos os que se vangloriam serão feridos imediatamente por um anjo, nem todos terão a morte literal que Herodes teve, mas é fato inegável que, ao agir assim, retendo a glória que deveria ser de Deus, estamos entrando em uma rota suicida. Afinal de contas, não apenas comprometemos a graça que o Senhor libera para os humildes como também atraímos a resistência divina e, até mesmo, o juízo. Biblicamente falando, isso é inevitável, pois, quando começamos a nos gloriar, o fluxo da graça de Deus é comprometido.

CAPÍTULO 6

Conheço pessoas que foram promovidas pela graça, unção e a habilidade divina, mas, quando começaram a receber elogios, não souberam reagir bem, pois temeram cair em vanglória. E é curioso como até nisso a Escritura nos respalda: "Como o crisol prova a prata e o forno prova o ouro, assim o homem é provado pelos elogios que recebe" (Provérbios 27.21). Em outros termos, a Bíblia não diz que não podemos receber louvores e elogios, mas que eles provarão o nosso coração. Sendo assim, a falha não está nas estimadas considerações que recebemos, e, sim, na forma como respondemos a elas.

Eu me lembro de, certa vez, alguém me dizer: "Puxa, pastor, fui tão abençoado pela sua ministração. O senhor é uma bênção. Mas sei que não é bom ficar falando assim, para o senhor não se orgulhar". Na hora, retruquei: "Em primeiro lugar, se esse fosse realmente o problema, você tinha que ter pensado nisso antes de me elogiar. Contudo, o problema não é se você ou outros me elogiarão, e, sim, como eu lidarei com isso".

Agora, veja o que Tiago afirma acerca do poder danoso da língua:

> Com ela, bendizemos o Senhor e Pai; também, com ela, amaldiçoamos as pessoas, criadas à semelhança de Deus. De uma só boca procede bênção e maldição. Meus irmãos, isso não deveria ser assim. Por acaso pode a fonte jorrar do mesmo lugar água doce e água amarga? (Tiago 3.9-11)

Esse trecho adverte que um modo incorreto de falar, quer seja a respeito de nós ou de outros, é errado. Mas vale ressaltar que, quando a Bíblia afirma que da nossa boca não deve fluir a maldição junto com a bênção, ela não está dizendo apenas para ficar em silêncio em relação aos outros. Pelo contrário, a orientação é ativa, e não passiva, e instrui-nos a abençoar as pessoas da mesma maneira que bendizemos a Deus.

Inclusive, o louvor, o elogio e o reconhecimento são demonstrados pelo próprio Deus: "[...] Você reparou no meu servo Jó? Não há ninguém como ele na terra. Ele é um homem íntegro e reto, que teme a Deus e se desvia do mal" (Jó 1.8); "[...] Este é o meu Filho amado, em quem me agrado" (Mateus 3.17).

Parece controverso aceitar elogios sem enaltecer a si mesmo, não? Quanto a isso, aprendi bem cedo que, no ministério, a glória deve ser imediatamente transferida para Deus. O encorajamento, por outro lado, é importante, necessário, e podemos guardar para nós. O que não podemos é relacionar o elogio, fruto da instrumentalidade divina que nós exercemos, conosco, e não com a graça de Deus. O apóstolo Paulo diz: "[...] trabalhei mais que todos eles; contudo, não eu, mas a graça de Deus comigo" (1 Coríntios 15.10 – NVI). Isso equivale a dizer: "Eu fiz! Não vou deixar de reconhecer isso e admitir que fui o apóstolo que mais trabalhou. Mas também reconheço que a graça de Deus foi o que me levou a tais resultados; eles não são de mim mesmo". Então, nesse momento, a glória é transferida para Deus.

Acredito que esse seja o segredo do sucesso e o antídoto que tem o poder de anular a vanglória: atribuir a glória a Deus e reconhecer que sem Ele nada somos e jamais chegaríamos a lugar algum; que por causa d'Ele podemos ser bem-sucedidos e ter resultados ainda melhores do que os que já tivemos até agora. Entendo que essa coisa de não aceitar nenhuma forma de elogio também seja errada, e, às vezes, reflete uma imagem equivocada acerca de nós mesmos.

Contudo, o problema se instala quando recebemos elogios e o tomamos para nós, deixando de considerar o agir de Deus em nossa vida. Vimos anteriormente, na passagem de Atos 12.21-23, o perigo de tomar para nós elogios que deveriam ser de Deus. Quando o povo clamou: "É voz de um deus, e não de um homem", Herodes aceitou que, de fato, estava na posição de um deus. Ele vivia em uma cultura que acreditava em semideuses — na mistura de divindade com humanidade. Por isso, acredito que a motivação do povo não era a mera bajulação ao rei de quem precisavam do favor, mas também

CAPÍTULO 6

a mentalidade da época em que era propício pensar assim. E Herodes aceitou isso em seu coração. Talvez, não necessariamente pensasse em si como uma divindade; no entanto, ele aceitou uma glória que não lhe pertencia.

Tenho observado muitos líderes que, ao longo do caminho, sendo instrumentos de Deus, começaram a deixar a humildade de lado e passaram a agir com orgulho, porque retiveram para si a glória em vez de transferi-la para Deus — como fez Herodes, que permitiu que o povo o engrandecesse como uma divindade. Já vi muitas pessoas sendo elogiadas pelo trabalho que fizeram sem dar a glória devida ao Senhor, e aproveitando os momentos de louvor para se afirmarem, pensando: "Eu realmente sou O cara! Eu não sou como a maioria; não sou como o resto". Infelizmente, esse é o caminho da ruína e, ainda assim, muitos não percebem. O juízo, entretanto, pode ser evitado. Observe as instruções de Paulo aos irmãos de Corinto:

> Que **cada um examine a si mesmo** e, assim, coma do pão e beba do cálice. Pois quem come e bebe sem discernir o corpo, come e bebe **juízo para si**. É por isso que há entre vocês muitos fracos e doentes e não poucos que dormem. Porque, **se julgássemos a nós mesmos, não seríamos julgados**.
> (1 Coríntios 11.28-31 – grifo do autor)

O apóstolo abordava a prática da ceia do Senhor. Entretanto, o princípio aqui serve para qualquer forma de autoexame, cujo propósito é nos poupar do juízo. Então, qual a razão de examinar a nós mesmos? Obviamente é para que, constatado algum desvio de conduta, possamos nos arrepender e corrigir aquela área. Do contrário, Paulo não teria dito: "se julgássemos a nós mesmos, não seríamos julgados".

Todos estamos sujeitos ao orgulho e seus desdobramentos: a independência e a vanglória. Logo, que ninguém se engane, afinal, pode acontecer com qualquer um de nós! Aliás, o próprio apóstolo admitiu que poderia acontecer com ele:

NÃO PENSAR ALÉM DO QUE CONVÉM

> E, para que eu não ficasse orgulhoso com a grandeza das revelações, foi-me posto um espinho na carne, mensageiro de Satanás, para me esbofetear, a fim de que eu não me exalte. Três vezes pedi ao Senhor que o afastasse de mim. Então ele me disse: "A minha graça é o que basta para você, porque o poder se aperfeiçoa na fraqueza." De boa vontade, pois, mais me gloriarei nas fraquezas, para que sobre mim repouse o poder de Cristo. (2 Coríntios 12.7-9)

Além de expor seu potencial para cometer o "pecado de Satanás", Paulo ainda nos desperta para outra verdade poderosa, com a qual encerro este capítulo: a consciência de que nossas fraquezas nos levam a depender da ação do poder de Deus em nós, e a consciência de que a Sua força nos levará a ter resultados acima da nossa capacidade. Se compreendemos isso corretamente, então, ao final, nossa única resposta será, em vez de vanglória, darmos glória ao Altíssimo.

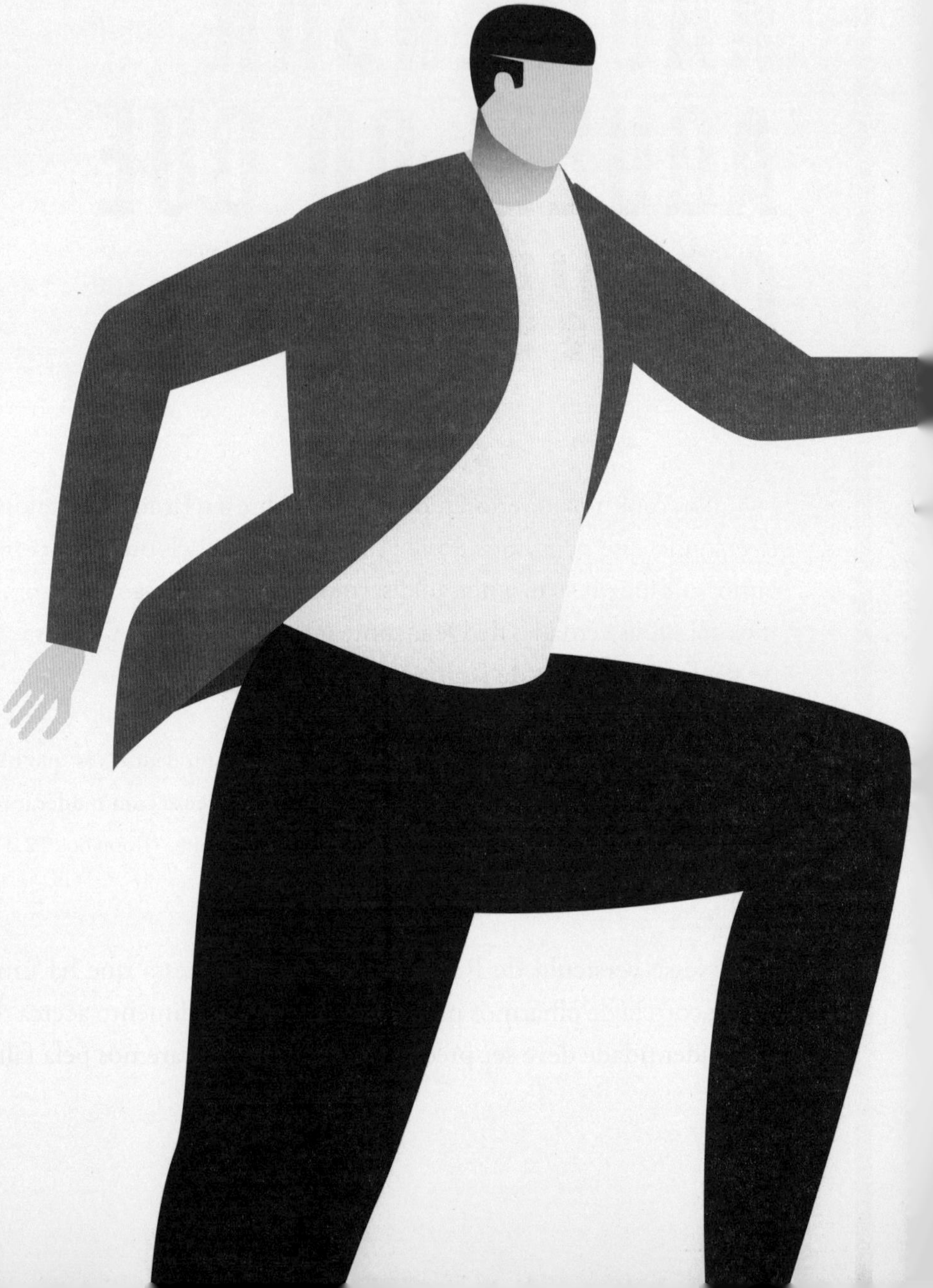

Capítulo 7
NÃO PENSAR AQUÉM DO QUE CONVÉM

Nos capítulos anteriores, discutimos sobre a relação entre a nossa fé e aquilo que pensamos acerca de nós mesmos. Sobre isso, como vimos, a Bíblia instrui a nos analisarmos com moderação e misturarmos com fé as verdades de Deus sobre nossa identidade. A declaração de Paulo, aos crentes de Roma, evidencia exatamente isto:

> Porque, pela graça que me foi dada, digo a cada um dentre vós que **não pense de si mesmo além do que convém**; antes, **pense com moderação**, segundo **a medida da fé** que Deus repartiu a cada um. (Romanos 12.3 – ARA – grifo do autor)

Nesse versículo de Romanos, o apóstolo atesta que há uma forma correta de olharmos para nós, e que o entendimento acerca de nossa identidade deve ser preciso, do contrário, erraremos pela falta ou pelo excesso. A meio-termo encontra-se a moderação, que nos protege tanto de pensar **mais**, como também de pensar **menos** do que convém. Mas, infelizmente, preciso admitir que a falta de equilíbrio em ambos os aspectos tem resultado em um grande número de pessoas que não consegue cumprir o plano e o propósito de Deus para si, e, de quebra, não tem feito diferença nem sido relevante no decorrer da História.

Tenho testemunhado, ao longo da minha caminhada cristã, muitos ficarem **aquém** do chamado divino — revelado e reconhecido —, e não por falta de uma palavra ou promessa que sinalizasse a vontade de Deus. Foi justamente isso o que aconteceu com a geração de israelitas que não entrou na Terra Prometida: eles não deixaram de conquistar o local por falta de uma promessa divina, e nem por intenção da parte de Deus, mas porque não se enxergavam da forma correta. Isso significa que olhar para nós mesmos da maneira errada pode sabotar o cumprimento do propósito celestial para a nossa vida.

No texto, o apóstolo também diz: "Segundo a medida de fé que Deus repartiu a cada um". Em outros termos, a visão que temos a nosso próprio respeito, a autoimagem e a nossa compreensão de identidade não podem ser meramente racionais, pois estão relacionadas com a medida de fé que temos. É preciso aplicar fé às Escrituras, sendo direcionado pelas declarações que o Senhor, em Sua Palavra, faz a nós.

Esse entendimento não está necessariamente condicionado às circunstâncias que enfrentamos, nem ao que os outros dizem a nosso respeito, ou ao que veem em nós, mas àquilo que, com fé nas Escrituras, decidimos edificar dentro de nós. E, para isso, é fundamental que cada cristão entenda sua posição em Cristo.

COMPREENDENDO QUEM SOMOS EM CRISTO

Paulo instruiu os irmãos da igreja em Colossos acerca de um dos mais fundamentais — e poderosos — princípios da vida cristã: "[...] a vida de vocês está oculta juntamente com Cristo, em Deus" (Colossenses 3.3). As expressões "em Cristo" (cf. 2 Coríntios 5.17), "com Cristo" (cf. Colossenses 2.20), "n'Ele" (cf. Efésios 1.7) e "com Ele" (cf. Romanos 6.4) apontam todas para a mesma direção: nossa vida está escondida com Cristo, em Deus. Isso refere-se diretamente ao processo de **identificação**, uma das premissas de nossa fé em Jesus. Antes, porém, de falar sobre esse ponto, convém tratar do que o antecede: a **substituição**.

SUBSTITUIÇÃO

Substituir é o ato de retirar uma coisa, ou pessoa, para colocar outra em seu lugar. E o maior ato de substituição que a humanidade já experimentou foi a obra de Cristo na cruz do Calvário, em que "carregando ele mesmo, **em seu corpo**, sobre o madeiro, **os nossos pecados** [...]" (1 Pedro 2.24 – grifo do autor), Jesus sofreu o nosso castigo, a morte que merecíamos: "Mas ele foi traspassado por causa das nossas transgressões e esmagado por causa das nossas iniquidades; o castigo que nos traz a paz estava sobre ele, e pelas suas feridas fomos sarados" (Isaías 53.5).

O sacrifício de Cristo é vicário, substitutivo, pois éramos pecadores e não tínhamos justiça alguma, porém Ele se fez homem, concebido pelo Espírito Santo — portanto, sem natureza pecaminosa — e nunca pecou (cf. Hebreus 4.15); era o único homem de quem se podia afirmar que era justo, e, mesmo assim, escolheu fazer uma troca conosco.

Paulo explicou isso em algumas de suas cartas, mostrando, também, que existem outros aspectos da **substituição**: Cristo transformou o pecado em justiça (cf. 2 Coríntios 5.21); fez-Se maldição em nosso lugar para que recebêssemos a bênção (cf. Gálatas 3.13-14); fez-Se pobre para que fôssemos ricos (cf. 2 Coríntios 8.9).

Nisso consiste a **substituição**: Jesus sofreu o nosso castigo, a morte que nós merecíamos: "Jesus, que, por causa do sofrimento da morte, foi coroado de glória e de honra, para que, pela graça de Deus, provasse a morte por todos" (Hebreus 2.9). Resumindo: "Ele deu a si mesmo por nós [...]" (Tito 2.14).

IDENTIFICAÇÃO

A **identificação** resulta da compreensão da substituição. Paulo atestou aos gálatas: "[...] Estou crucificado com Cristo" (Gálatas 2.19), e sabemos que essa declaração não era literal, pelo menos não no mundo natural. Se houvesse a possibilidade de usar uma espécie de "máquina do tempo" e retornar aos dias do apóstolo, jamais o encontraríamos pregado à mesma cruz de nosso Senhor. O que, então, significa "estar crucificado com Cristo"?

Quando entendemos que Jesus assumiu o nosso lugar diante de Deus, como nosso representante e substituto, compreendemos também que Sua morte é, legalmente falando, a nossa morte; por isso está escrito: "[...] vocês morreram com Cristo [...]" (Colossenses 2.20). Quando nosso Senhor foi sepultado, também "fomos sepultados com ele [...]" (Romanos 6.4). No momento em que Ele ressuscitou, nós também ressuscitamos, pois Jesus fez isso em nosso lugar: "[...] vocês foram ressuscitados juntamente com Cristo [...]" (Colossenses 3.1). Porém, quando Ele foi assunto aos Céus e assentou-se à direita de Deus (cf. Marcos 16.19), elevou-nos à mesma posição: "[...] fez-nos assentar nas regiões celestiais em Cristo Jesus" (Efésios 2.6). A identificação, portanto, é o reconhecimento de que Cristo exerceu a substituição em nosso lugar e de que, consequentemente, recebemos benefícios por conta dessa troca. Ela, por sua vez, deve ser seguida pela **apropriação**.

APROPRIAÇÃO

Se compreendemos que Jesus Cristo nos substituiu, como um representante legal, o resultado precisa ser passarmos a nos ver n'Ele. Entretanto, mais do que apenas nos identificar com essa realidade, é necessário nos apropriarmos dela, assim como Paulo asseverou a Timóteo: "[...] Tome posse da vida eterna [...]" (1 Timóteo 6.12).

Tomar posse do que nos foi disponibilizado em Cristo, ou seja, ter como nosso, é um ato de fé que cada um de nós deve exercer. Desse modo, a partir disso, somos capazes de compreender como Deus nos vê — Ele nos enxerga através de Cristo, pois nossa vida está escondida n'Ele.

Quando olha para nós, o Senhor vê a justiça de Cristo, e não o nosso passado de pecado. Contudo, não podemos limitar essa prática apenas no sentido de salvação, pois, aqui também se inclui as questões de identidade e capacidade. Deus quer que "nos vejamos n'Ele" também nesses aspectos, por isso Ele declarou: "[...] Que o fraco diga: 'Eu sou forte'" (Joel 3.10).

O Senhor não deixa de reconhecer que temos fraquezas, mas declara que: "Se você foi alistado no Meu exército, não batalhará com a sua própria força, e, sim, com a Minha força". Ou seja, mesmo que sejamos, naturalmente falando, fracos, também somos, espiritualmente, fortes. E os Céus nos convocam a visualizar e confessar essa realidade.

Essa é a chave: sempre recorrer ao espelho da Palavra e se permitir ser confrontado pelo entendimento correto de quem somos em Deus.

INFERIORIDADE X VERDADEIRA IDENTIDADE

Quando lemos a história do povo de Deus no deserto, constatamos que a atitude dos espias de se enxergarem como gafanhotos definiu a permanência deles fora da Terra Prometida, e os impediu de viver o cumprimento do plano e do propósito de Deus — a materialização das promessas divinas em suas vidas. Isso nos mostra que, se por um lado não podemos pensar de nós além do que convém, por outro, não devemos permanecer fora do lugar ao qual Deus está nos chamando.

No livro de Êxodo, percebemos que é possível despertar a ira de Deus quando começamos a apresentar desculpas por nos vermos **inferiores** àquilo que Deus está dizendo que somos ou podemos fazer. O Senhor disse a Moisés: "Agora vá, e eu serei com a sua boca, eu lhe ensinarei o que deve falar" (Êxodo 4.12), mas ele respondeu: "Não, Senhor, eu não sei falar". O Senhor insistiu com ele, afirmando que fez a boca do mudo, o ouvido do surdo (cf. Êxodo 4.11), e que entende tanto da fabricação como da manutenção do ser humano. Mas Moisés replicou que qualquer um poderia fazer aquilo, menos ele.

Uma atitude de inferioridade como essa não somente aborrece profundamente o coração de Deus como também nos manterá aquém do plano e propósito divinos. Eu acredito que a inferioridade não está relacionada somente a um problema emocional, mas também à incredulidade, à falta de fé na Palavra de Deus. Precisamos ter uma atitude que faça com que a nossa identidade e a moderação que o apóstolo Paulo destacou em Romanos sejam produzidas pela fé em nós.

Não se trata meramente de acreditar em si mesmo, mas de crer naquilo que Deus declara — e, portanto, acredita — a seu respeito. Não tem a ver com o mero esforço humano, positivista, sugerido por alguns, tal qual: "Você tem que acreditar em si mesmo". Crer no que o Criador diz acerca de nós, é enxergar-se pelos olhos d'Ele.

Presenciei, ao longo de décadas de ministério, pessoas inseguras que se fecharam em seus casulos e, justamente por isso, não se permitiram ser inspiradas e transformadas por Deus. É interessante observar quando o ser celestial se dirige a Gideão e afirma "[...] O Senhor está com você, homem valente" (Juízes 6.12). Ele estava malhando trigo **escondido** e, por isso, muitos o consideram covarde. Na minha opinião, ele estava mais para inteligente. Gideão estava tentando poupar a colheita de ser roubada pelo inimigo, então não poderia deixá-la exposta, até porque ele e seu povo eram menor número. O fato é que o Senhor viu valentia no homem e a atestou.

Além de não rotulá-lo como covarde, eu ainda o adjetivo como um **inconformado**; basta reparar no questionamento feito ao anjo do Senhor: "[...] onde estão todas as suas maravilhas que os nossos pais nos contaram? [...]" (Juízes 6.13). Ele ansiava pelo sobrenatural, pelas intervenções milagrosas do Altíssimo. Porém, se há algo que imagino que o juiz que livraria Israel das mãos dos midianitas precisou lidar foi com a **inferioridade** e a **insegurança**.

O senso de inferioridade fica nítido na exclamação de Gideão: "[...] Ah! Meu Senhor! Como livrarei Israel? Eis que a minha família é a mais pobre em Manassés, e eu sou o menor na casa de meu pai" (Juízes 6.15). Os adjetivos da frase: "menor da família mais pobre da tribo inteira", classificariam Gideão como um improvável, não é mesmo? A menos que levemos em conta a capacitação divina por meio da graça.

Já a insegurança se torna evidente por conta da quantidade de vezes que Gideão precisou de confirmação de que as coisas aconteceriam mesmo da forma como o Senhor lhe havia dito. Deus estava propondo algo extraordinário [aparentemente até demais], e imagino que ele temia não ser capaz de cumprir tal jornada. Mas, ainda assim, eu não ousaria criticá-lo.

Gideão firmou um propósito com Deus, colocou sinais de confirmação diante d'Ele e, assim, recebeu três indicações de que, de fato, o Senhor estava com ele e honraria aquele chamado. Ainda que o juiz de Israel possa ter dado um pouco de trabalho, com a necessidade de tantas comprovações — duas vezes com a porção de lã (cf. Juízes 6.36-40) e uma com o sonho que o Altíssimo o fez ouvir no acampamento do inimigo (cf. Juízes 7.10-15) —, o que realmente deve ser considerado é o resultado. Gideão, que inicialmente se via tão pequeno e impotente, depois daquelas provas, superou sua insegurança, posicionou-se e obedeceu a Deus, desfrutando, assim, da intervenção divina, e cumprindo seu chamado. Seu nome aparece na lista dos chamados heróis da fé (cf. Hebreus 11.32), o que nos faz reconhecer que o fundamento de suas conquistas foi crer em Deus — e ver-se como o Senhor o enxergava.

Outro líder em que vemos marcas fortes de insegurança é Saul. Paulo aponta que as histórias de Israel, registradas na Antiga Aliança, foram escritas para servir tanto de exemplo como de advertência a nós, povo da Nova Aliança (cf. 1 Coríntios 10.11). Com isso em mente, o que podemos aprender com Saul?

> **Golias** parou e gritou para as tropas de Israel: — Para que vocês saíram para formar a linha de batalha? Não sou eu filisteu, e vocês, servos de Saul? Escolham entre vocês um homem que venha lutar comigo. Se ele puder lutar comigo e me matar, seremos servos de vocês. Mas, se eu o vencer e o matar, vocês serão nossos servos e nos servirão. E o filisteu continuou: — Hoje eu desafio as tropas de Israel. Deem-me um homem, para que lute comigo. Quando **Saul e todo o Israel** ouviram estas palavras do filisteu, **ficaram assustados e com muito medo**. (1 Samuel 17.8-11 – grifo do autor)

Lembre-se de que Saul era um guerreiro, liderava todo o exército e ainda era o mais alto entre os soldados. Então, esperava-se que ele tomasse uma atitude diante do desafio feito por Golias. Porém, quando o próprio Saul se assustou e ficou com medo, o restante dos seus guerreiros o acompanhou nessa atitude negativa. O contraste é apresentado, no texto bíblico, com a introdução de Davi naquele cenário.

Diferentemente do rei de Israel, o filho de Jessé tinha todas as prerrogativas para não considerar aquele combate: era menor que Saul, jovem e inexperiente na guerra (cf. 1 Samuel 17.33). Quando o rei lhe ofereceu sua própria armadura, o rapaz resolveu experimentá-la, porém, logo desistiu, declarando: "[...] Não posso andar com isto, porque nunca o usei [...]" (1 Samuel 17.39). Entretanto, o que faltava aos demais guerreiros transbordava em Davi: a convicção de que ele poderia ser usado por Deus. E seu discurso comprovava isso:

> Porém Saul disse a Davi: — Você não poderá ir contra esse filisteu para lutar contra ele. Você ainda é jovem, e ele é guerreiro desde a sua mocidade. Davi respondeu: — Este seu servo apascentava as ovelhas do pai. Quando vinha um leão ou um urso e levava um cordeiro do rebanho, eu saía atrás dele, batia nele e livrava o cordeiro da sua boca. Se ele se levantava contra mim, eu o agarrava pela barba e o golpeava até matá-lo. Este seu servo matou tanto o leão como o urso. Este filisteu incircunciso será como um deles, porque afrontou os exércitos do Deus vivo. E Davi continuou: — **O Senhor** me livrou das garras do leão e das garras do urso; ele **me livrará das mãos desse filisteu**. Então Saul disse a Davi: — Vá, e que o Senhor esteja com você. (1 Samuel 17.33-37 – grifo do autor)

A frase: "O Senhor me livrou das garras do leão e das garras do urso; ele me livrará das mãos desse filisteu" revela muita coisa. Naquele momento, o jovem de Belém estava atestando: "Nunca me deixei amedrontar antes e não será agora que isso ocorrerá. Não tenho experiência em batalhas, mas já fui testado muitas vezes em minha confiança em Deus para viver milagres de livramentos. E essa convicção de que Ele estará ao meu lado é tudo o que eu preciso". Não foi à toa que ele, assim como Gideão, teve seu nome arrolado na lista dos heróis da fé (cf. Hebreus 11.32).

A razão pela qual Davi conseguiu o respeito e a liderança sobre os homens de Israel, ao longo do reinado de Saul, mesmo antes de ter sido estabelecido como rei, é porque ele era o valente que saía à frente. Embora não chamasse para si toda a responsabilidade, há que se reconhecer que ele confiava naquilo que Deus faria. Por isso, disse a Golias: "[...] Você vem contra mim com espada, com lança e com escudo. Eu, porém, vou contra você em nome do Senhor dos Exércitos [...]" (1 Samuel 17.45).

No livro de Salmos, encontramos outras declarações que atestam a confiança de Davi na capacitação divina: "Pois contigo posso atacar exércitos; com o meu Deus salto muralhas" (Salmos 18.29). Ele prossegue, afirmando:

> O **Deus que me revestiu de força** e aperfeiçoou o meu caminho, **ele deu aos meus pés** a ligeireza das corças e **me firmou** nas minhas alturas. Ele **treinou as minhas mãos para o combate**, tanto que os meus braços vergaram um arco de bronze. Também me deste o escudo da tua salvação; a **tua mão direita me susteve**, e a **tua clemência me engrandeceu. Alargaste o caminho** sob meus passos, e os meus pés não vacilaram. Persegui os meus inimigos e os alcancei, e só voltei depois de ter acabado com eles. Esmaguei-os a tal ponto, que não puderam se levantar; caíram sob os meus pés. Pois **me cingiste de força para o combate e me submeteste os que se levantaram contra mim**. Também **puseste em fuga os meus inimigos**, e os que me odiavam, eu os exterminei. (Salmos 18.32-40 – grifo do autor)

Nessas declarações, ele assinalava que podia contar com o Senhor para vitórias sobrenaturais, pois não dependia de sua própria capacidade ou habilidade. O tempo todo, Davi enfatizava o que Deus havia feito por meio dele bem como o que ele, por sua vez, tinha feito através de Deus.

Creio que o equilíbrio entre superioridade e inferioridade não se dá apenas tentando corrigir mentalmente a autoimagem ou autoestima, mas quando conseguimos entrar em uma dimensão de fé e compreender aquilo que Deus fala a nosso respeito e promete fazer por intermédio de nós.

A insegurança de Saul é exposta várias vezes nas páginas bíblicas. O problema é que a falta de tratamento de tal limitação o impediu de

NÃO PENSAR AQUÉM DO QUE CONVÉM

cumprir o que Deus havia proposto, e passou a contaminar a sua visão, fazendo-o encarar como uma espécie de ameaça todos que começavam a se destacar de alguma forma. A Bíblia revela que ele atirou a lança contra Davi pelo menos duas vezes (cf. 1 Samuel 18.11) e contra Jônatas, seu filho, uma vez (cf. 1 Samuel 20.33). Contudo, há outro texto, em que Saul não está em batalha nem guerreando contra nenhuma nação — ele está simplesmente com os seus homens, em um momento de paz —, mas as Escrituras registram que ele segura a sua lança na mão (cf. 1 Samuel 22.6). Mesmo apenas conversando com os seus principais homens, ele não soltava a lança. Não sei se era um gesto consciente ou não, mas esse evento me parece uma forma de Saul, constantemente, tentar não só se afirmar, mas também amedrontar qualquer concorrência à sua liderança. Aliás, o discurso seguinte à menção do episódio da lança na mão revela essa insegurança que o rei carregava no íntimo:

> Saul disse aos servos que o rodeavam: — Escutem, filhos de Benjamim! Será que o filho de Jessé dará também a todos vocês terras e vinhas e fará de todos vocês chefes de milhares e chefes de centenas, para que todos vocês tenham conspirado contra mim? Não houve ninguém que me avisasse que o meu filho fez aliança com o filho de Jessé. Não há nenhum de vocês que tenha pena de mim e me conte que o meu filho instigou contra mim o meu servo, para me armar ciladas, como se vê neste dia. (1 Samuel 22.7-8)

Uma pessoa que não se vê corretamente, tornar-se-á um empecilho ao plano e propósito de Deus. Primeiro, porque não fará o que deveria, e, segundo, porque não permitirá que outros consigam ter espaço e trabalhem. Quando Davi se tornou um herói de guerra, com o inegável favor divino sobre sua vida, e o cântico das mulheres começou a exaltar mais os feitos do guerreiro emergente do que os do próprio rei, Saul passou a murmurar consigo mesmo: "[...] Para Davi elas deram dez milhares, mas para mim apenas milhares. Na verdade, o que lhe falta, a não ser o reino?" (1 Samuel 18.8). E o

CAPÍTULO 7

texto sagrado registra que: "daquele dia em diante, Saul não via Davi com bons olhos" (1 Samuel 18.9). O relato que se segue é ainda mais revelador sobre a insegurança do primeiro rei de Israel:

> Saul tinha medo de Davi, porque o Senhor estava com este e tinha abandonado Saul. Por isso Saul o afastou de si e o pôs por chefe de mil. Davi fazia saídas e entradas militares diante do povo. Davi tinha êxito em todos os seus empreendimentos, pois o Senhor estava com ele. Vendo que Davi tinha êxito, Saul ficou com medo dele. (1 Samuel 18.12-15)

Em contrapartida, acho interessante a maneira como Jônatas age. Ele era o herdeiro e tinha direito legal ao trono, mas, diferente de seu pai, Jônatas não tentou se opor aos planos divinos que já haviam sido revelados:

> Então Jônatas, filho de Saul, se levantou e foi falar com Davi, em Horesa, **e lhe fortaleceu a confiança em Deus**. Jônatas disse: — Não tenha medo, porque a mão de Saul, meu pai, não encontrará você. **Você será rei de Israel, e eu serei o segundo depois de você**, o que também Saul, meu pai, bem sabe. E ambos fizeram aliança diante do Senhor. Davi ficou em Horesa, e Jônatas voltou para casa. (1 Samuel 23.16-18 – grifo do autor)

Tanto Jônatas quanto Davi sabiam não se tratar de uma disputa ou sorteio, mas de desígnios divinos já estabelecidos. Davi tinha promessas da parte do Senhor sobre reinar, enquanto, por outro lado, a revelação divina havia deixado claro que a casa de Saul tinha sido rejeitada.

Sabiamente, o herdeiro do trono afirmou a Davi: "Você será o rei". Ele não estava se diminuindo ou dizendo: "Eu não presto para ser rei". Jônatas era um guerreiro valente, que puxava a linha de frente de batalha, e sozinho enfrentou a guarnição dos filisteus, saindo como herói. Deus usou Jônatas para trazer livramento, e mesmo assim, isso não lhe subiu à cabeça. Ele não teve problema em ser o segundo depois de Davi, mas reconheceu que apesar do direito ao trono ser seu, Deus tinha confiado a liderança ao filho de Jessé. E ele não lutaria contra a vontade de Deus. Como Jônatas era diferente de Saul!

Não acredito que pessoas como aquele príncipe sejam apenas resolvidas consigo mesmas. Creio que elas chegam a determinado nível de compreensão que as leva a dar a devida resposta a Deus. Dessa forma, elas se permitem ser inspiradas pela fé no chamado de Deus, na promessa de capacitação do Alto e nas palavras divinas que apontam para onde serão levadas.

Temos de entender que a inferioridade rouba o entendimento da verdadeira identidade, que é formada não só através de uma consciência racional ou por meio da admiração da imagem no espelho natural, mas que é gerada no íntimo através de uma atitude de fé ao conseguirmos nos enxergar em Deus.

É por esse motivo que precisamos cuidar para que não haja nenhum excesso de orgulho nem de inferioridade. Sejamos humildes, assim como Cristo, que em seu primeiro sermão declarou que o Espírito do Senhor estava sobre Ele (cf. Lucas 4.18). Imagine, hoje, alguém se apresentando no púlpito e dizendo: "Eu sou o instrumento de Deus, a resposta d'Ele para vocês; Ele me deu tudo aquilo que vocês precisam". A maioria não encararia isso como humildade, mas Cristo é o modelo com quem devemos aprender.

Quando Jesus afirmou que o Espírito do Senhor estava sobre Ele, acredito que Cristo tinha plena consciência de Sua identidade. Ele era mesmo o Messias, o Cristo, o Ungido de Deus. Contudo, não para por aí, afinal o entendimento de quem somos, obviamente, libera-nos para realizar aquilo que Deus planejou fazer através de nossas vidas. O Espírito Santo nos ungiu para um propósito — curar, libertar, pregar —, e não simplesmente para sermos **pessoas ungidas**. A unção não é um fim em si mesma. Ela está atrelada ao propósito e à nossa identidade, e essa compreensão precisa ser gerada dentro de cada um de nós através de uma **atitude de fé**.

CAPÍTULO 7

DEPENDÊNCIA X INTERDEPENDÊNCIA

Outro ponto que requer equilíbrio está diretamente ligado ao aspecto relacional. É a atitude de dependência *versus* a de interdependência. Salvo raras exceções, as pessoas não recebem um chamado divino para executarem um propósito sozinhas, já que, normalmente, Deus chama pessoas para trabalharem em interação umas com as outras.

Foi assim que Cristo exerceu Seu ministério: com uma equipe que O acompanhava e auxiliava em tudo o que fazia. Ele coordenou o trabalho dos apóstolos de modo semelhante; além de serem um grupo, os doze também se subdividiam em duplas: "Chamou os doze e passou a enviá-los **de dois em dois** [...]" (Marcos 6.7 – grifo do autor). A mesma estratégia foi empregada em outro time de discípulos que não o dos apóstolos: "Depois disso, o Senhor escolheu outros setenta e os enviou **de dois em dois**, para que fossem adiante dele a cada cidade e lugar onde ele haveria de passar" (Lucas 10.1 – grifo do autor).

Também encontramos a repetição do modelo de equipes ministeriais nas igrejas primitivas, como a de Antioquia e Jerusalém (cf. Atos 15.6), onde havia um ministério plural (cf. Atos 13.1). Entre eles, o Senhor convocou uma dupla que mudaria o mundo na época: "Enquanto eles estavam adorando o Senhor e jejuando, o Espírito Santo disse: — Separem-me, agora, Barnabé e Saulo para a obra a que os tenho chamado" (Atos 13.2). Esses dois, ao serem enviados, fizeram-se acompanhar de vários cooperadores. Eles, por sua vez, ao estabelecerem novas igrejas em território gentílico, seguiram o padrão predeterminado: "[...] promovendo-lhes, em cada igreja, a eleição de presbíteros [...]" (Atos 14.23). Aliás, o termo presbítero, no singular, só aparece quando alguma característica será destacada; via de regra, e em termos ministeriais práticos, o uso da palavra será no plural, "presbíteros", ou no coletivo, "presbitério" (cf. 1 Timóteo 4.14). Ou seja, há um propósito divino no trabalho conjunto.

> Se, por um lado, não podemos pensar de nós além do que convém, por outro, não podemos permanecer fora do lugar ao qual Deus está nos chamando.

CAPÍTULO 7

Corrobora esse conceito a ilustração empregada por Paulo, apresentando a Igreja como Corpo de Cristo e nós, individualmente, como seus membros (cf. 1 Coríntios 12.27), com a interação de cada um deles: "[...] todo o corpo, bem-ajustado e consolidado pelo auxílio de todas as juntas, segundo a justa **cooperação de cada parte**, efetua o seu próprio crescimento para a edificação de si mesmo em amor" (Efésios 4.16 – grifo do autor).

Estabelecido esse fundamento, de um ministério cooperativo, analisemos o episódio que se deu quando Paulo sugere a Barnabé uma segunda viagem missionária:

> Alguns dias depois, Paulo disse a Barnabé: — Vamos voltar e visitar os irmãos em todas as cidades nas quais anunciamos a palavra do Senhor, para ver como estão. Barnabé queria levar também João, chamado Marcos. Mas Paulo não achava justo levar aquele que tinha se afastado deles desde a Panfília, não os acompanhando no trabalho. Houve tal desavença entre eles, que vieram a separar-se. Então Barnabé, levando consigo Marcos, navegou para Chipre. Mas Paulo, tendo escolhido Silas, partiu, encomendado pelos irmãos à graça do Senhor. E passou pela Síria e Cilícia, fortalecendo as igrejas. (Atos 15.36-41)

É importante recordar que, no início, quando o apóstolo Paulo começou o seu ministério, ele o fez debaixo de um forte investimento de Barnabé. Aliás, quando Paulo se converteu, quem o apresentou aos apóstolos foi Barnabé (cf. Atos 9.26-28). Posteriormente, quando a igreja de Antioquia começou a prosperar, este buscou o apóstolo para cooperar com aquela equipe ministerial (Atos 11.25-26). É nítida a influência de Barnabé sobre Paulo, o crédito que ele deu ao apóstolo e ao seu chamado, e a importância que ele teve na primeira viagem missionária.

Tempos depois, vemos Paulo tomando a iniciativa e convidando Barnabé para o novo projeto, porém eles acabaram discordando a respeito da ideia de levar Marcos com eles, que os tinha deixado logo no início da primeira viagem missionária (cf. Atos 13.13). O apóstolo protestou; imagino-o se dirigindo a Barnabé com palavras como essas: "Eu não concordo que João Marcos participe da equipe, pois ele nos abandonou na primeira vez".

Respeito e admiro a habilidade de Barnabé de acreditar e investir em outros, mas, devo ressaltar que não creio que Paulo, naquele momento, estivesse demonstrando uma incapacidade de acreditar nas pessoas, especialmente no jovem que se tornou o pivô da discordância entre eles. Tanto é que, mais tarde, Paulo chamaria Marcos, dizendo que ele lhe seria útil no ministério (cf. 2 Timóteo 4.11). Isso significa que o apóstolo não estava, necessariamente, desistindo do jovem. Penso que a mensagem dirigida a Marcos era: "Você não mostrou o nível de comprometimento básico na primeira vez; portanto, não será promovido tão depressa para participar de uma segunda viagem missionária".

O fato é que Paulo e Barnabé discordaram a respeito dessa decisão, e a Bíblia diz que a desavença chegou a um ponto tal, que eles se separaram. Imagino que isso obviamente tenha doído; Paulo, no entanto, não desistiu nem abandonou o projeto, como quem diz: "Eu não posso, eu não consigo". Claramente o apóstolo não faria a viagem sozinho, então convidou Silas para o acompanhar: "Mas Paulo, tendo escolhido Silas, partiu, encomendado pelos irmãos à graça do Senhor. E passou pela Síria e Cilícia, fortalecendo as igrejas" (Atos 15.40-41).

Alguns pregadores pintam o quadro como se, nesse episódio, Paulo tivesse sido intolerante e equivocado. O curioso, porém, é que ele e sua equipe é que foram apoiados e enviados pela igreja, e não Barnabé. A lição a ser extraída, a meu ver, é a de um Paulo que, por sua atitude, parece declarar a seu antigo companheiro: "Eu já viajei contigo e, da minha parte, continuaria a fazê-lo. Entendo a importância da **interdependência**, mas, em contrapartida, não encalharei no extremo da **dependência**. Você tem sido muito útil, mas não dependerei de você para realizar o que o Senhor me chamou a fazer".

Penso que isso aponta para algo sadio. Paulo não disse que sairia sozinho, sem levar ninguém com ele, nem se apoiou em autossuficiência. Apesar de não aceitar que Marcos fosse junto, ele convidou Silas, que já havia mostrado o seu valor quando a igreja enviara, no Concílio de Jerusalém, a recomendação aos gentios convertidos e este o tinha acompanhado e permanecido em Antioquia. É provável que tenha sido durante esse convívio, que ele tenha conquistado a confiança de Paulo.

Nenhum dos extremos relacionais é saudável: nem a dependência de outros nem tampouco a independência. No primeiro equívoco, baseamos a confiança da execução de um projeto em outras pessoas; no segundo, eliminamos a importância da cooperação dos outros no processo. A chave é a interdependência.

Se Paulo estivesse preso na dependência de Barnabé, por exemplo, seu ministério teria sido abortado após a separação deles. Sem descartar a interdependência, da qual tratarei mais adiante, quero sublinhar a importância de, em primeiro lugar, confiar em Deus.

Quando o Senhor comissionou Josué, após a morte de Moisés, para liderar os israelitas, precisou encorajá-lo: "Não foi isso que eu ordenei? Seja forte e corajoso! Não tenha medo, nem fique assustado, porque o Senhor, seu Deus, estará com você por onde quer que você andar" (Josué 1.9). Vejamos, no entanto, o que aconteceu **antes** da declaração divina.

O livro de Josué começa com o anúncio da morte do libertador: "Depois que Moisés, servo do Senhor, morreu, o Senhor falou a Josué, filho de Num, auxiliar de Moisés, dizendo: — Moisés, meu servo, está morto. Prepare-se, agora, e passe este Jordão, você e todo este povo, e entre na terra que eu vou dar aos filhos de Israel" (Josué 1.1-2). O grande e singular líder a quem Josué tanto admirara, que o discipulara e treinara, a quem Josué sempre seguira e obedecera, não estava mais lá. Aparentemente, o Altíssimo tratou a questão sem sentimentos, quando, em outras palavras, sinalizou a Josué: "Você seguirá adiante, mesmo sem Moisés". Na sequência, porém, Deus desenhou na mente e imaginação do novo líder os resultados que seriam alcançados:

> Todo lugar em que puserem a planta do pé eu darei a vocês, como prometi a Moisés. O território de vocês irá desde o deserto e o Líbano até o grande rio, o rio Eufrates, estendendo-se através de toda a terra dos heteus e até o mar Grande, na direção do poente do sol. Ninguém poderá resistir a você todos os dias da sua vida. Assim como estive com Moisés, estarei com você. Não o deixarei, nem o abandonarei. Seja forte e corajoso, porque você fará este povo herdar a terra que, sob juramento, prometi dar aos pais deles. Tão somente seja forte e muito corajoso para que você tenha o cuidado de fazer segundo toda a Lei que o meu servo Moisés lhe ordenou. Não se desvie dela, nem para a direita nem para a esquerda, para que seja bem-sucedido por onde quer que você andar. (Josué 1.3-7)

Josué e Moisés tinham vivenciado muitas coisas juntos, trabalhando em parceria. Enquanto Moisés estava no alto do monte, com as mãos estendidas, Josué liderava o exército israelita na batalha contra os amalequitas (cf. Êxodo 17.8-9). Mas, naquele momento, o que Deus estava tentando comunicar a Josué? "Você é capaz de continuar sem Moisés. Contudo, precisa acreditar que estarei com você da mesma forma que estive com ele".

Não estou, de modo algum, exaltando o individualismo nem a independência, isso é errado. Mas também não podemos ter uma atitude de extrema dependência. A nossa dependência deve estar em Deus, e se for colocada em homens ela se tornará prejudicial; a interdependência, por outro lado, pode ser benéfica. E, mais uma vez, Paulo tem o que nos ensinar quanto a isso:

CAPÍTULO 7

Quando cheguei a Trôade para pregar o evangelho de Cristo, vi que **uma porta se havia aberto para mim**, **no Senhor**. No entanto, **não tive tranquilidade no meu espírito, porque não encontrei o meu irmão Tito**. Por isso, despedindo-me deles, parti para a Macedônia. (2 Coríntios 2.12-13 – grifo do autor)

Uma porta se abrira **no Senhor** para Paulo. Logo, não era algo humano nem tampouco maligno. Ele iria pregar o Evangelho, a porta se abrira e, ainda assim, ele afirmou: "Não tive tranquilidade no meu espírito porque não encontrei o meu irmão Tito". Paulo sinalizou que a oportunidade estava lá, mas ele não teve a convicção necessária para adentrá-la. Era como se algo não estivesse completo, a ponto de reconhecer: "Não posso fazer isso sozinho".

O apóstolo preferiu se despedir deles, partir para a Macedônia e deixar aquela porta aberta para ser explorada em outra ocasião. Tal ocorrência não tem a ver com dependência, mas com interdependência. Não importa quem estivesse junto, Paulo sempre faria o trabalho. Ele não dependia de alguém em específico. O fato de ter esperado por Tito retrata apenas a expectativa de algo planejado, não a dependência de uma pessoa. O apóstolo não se limitava a trabalhar com uma só pessoa, ele tinha muitos colaboradores, e havia uma interação entre eles. Muitas vezes, Paulo deixava uma cidade e partia para outra, e sempre procurava fazê-lo em companhia de outros. Essa atitude, que podemos classificar como **madura**, retratava sua compreensão da importância da interdependência. O apóstolo sabia que não era capaz de, sozinho, lidar com tudo e realizar na totalidade o que fora divinamente comissionado a fazer. Ele entendia também que o isolamento e a dependência de homens eram igualmente prejudiciais ao que Deus queria fazer através dele, e isso se aplica a nós também. Além disso, em diversos casos, a dependência pode ser gerada por um senso de inferioridade, por isso, devemos constantemente sondar o nosso coração e as nossas motivações.

NÃO PENSAR AQUÉM DO QUE CONVÉM

LOUVORES X TRANSFERÊNCIA DE GLÓRIA

Outra área que também precisamos de moderação é na maneira como lidamos com os louvores e a transferência de glória.

Já conheci muitos homens e mulheres usados por Deus que pareciam acreditar que não podemos receber nenhum tipo de elogio. Aliás, tenho constatado que alguns, no zelo de não errarem, ao receberem um elogio, chegam quase ao ponto de repreender o Diabo.

O que a Bíblia nos ensina acerca disso? O livro da sabedoria aponta que: "Como o crisol prova a prata e o forno prova o ouro, assim o homem é provado pelos elogios que recebe" (Provérbios 27.21). Aquilo que dizem a nosso respeito pode expor o que está em nosso coração. O sentimento de inferioridade se alimenta das críticas enquanto o de superioridade se alimenta dos elogios. Nosso coração pode realmente ser provado quando as pessoas nos elogiam ou mesmo quando depreciam; de alguma forma esse tipo de comentário consegue mexer com o nosso próprio conceito de identidade.

Como crentes maduros, torna-se impossível não optarmos por fazer tudo com excelência, dando o nosso melhor a Deus, e isso vale para todas as esferas da vida: "Portanto, se vocês comem, ou bebem ou fazem qualquer outra coisa, façam tudo para a glória de Deus" (1 Coríntios 10.31). Logo, é evidente que, se procedermos bem, iremos atrair louvores e elogios. Isso, em si mesmo, não é errado. A Escritura, falando da mulher virtuosa, por exemplo, registra os inevitáveis louvores: "Seus filhos se levantam e a chamam de bem-aventurada; seu marido a louva, dizendo: 'Muitas mulheres são virtuosas no que fazem, mas você supera todas elas'" (Provérbios 31.28-29). Nesse caso, o elogio seria uma consequência da conduta dessa mulher: "Enganosa é a graça, e vã é a formosura, mas a mulher que teme o Senhor, essa será louvada" (Provérbios 31.30). E não eram apenas os filhos e o marido que a elogiavam, aquela mulher era louvada em público: "Que ela receba a recompensa merecida, e as suas obras sejam elogiadas à porta da cidade" (Provérbios 31.31 – NVI).

Esse tipo de reconhecimento é inevitável. Deus não proíbe elogiar e também não diz que não podemos ser elogiados; porém, a Escritura destaca que precisamos saber lidar com os aplausos. Por um lado, há o perigo de nos vangloriarmos, de pensar que somos bons por nós mesmos; mas, por outro, há o risco de não aceitarmos nenhum elogio como resultado de cedermos à inferioridade. Como lidar, então, com essas questões de forma sábia e moderada?

É lógico pensar que não podemos fazer nada sem Deus, mas precisamos ter o entendimento de que Ele também resolveu não fazer nada sem a nossa participação. Compreender isso é crucial, pois, se há um ministério em que a unção se manifestou, alguém teve de se submeter a ela, e andar debaixo do plano e do propósito de Deus.

Certa vez, quando o meu filho fazia aniversário, ele me ligou no final do dia e disse: "Pai, o aniversário é meu, mas eu estava agradecendo a Deus pelo pai que você foi; as decisões que tomou em momentos importantes da minha vida e a forma como me mostrou o caminho". E ele continuou, durante um tempo, a manifestar gratidão e reconhecimento.

Como agir em uma situação como essa? Reconheço que sem a graça e sabedoria divinas, sem a liderança do Espírito Santo e sem ajuda e conselhos de muitos — a começar pela minha esposa —, eu nunca teria exercido uma boa paternidade. Portanto, eu não tinha o menor direito de me vangloriar de nada, nem de me achar melhor do que ninguém, pois estava consciente das minhas limitações — e permaneço nesse mesmo lugar. Em contrapartida, não posso afirmar que não tive responsabilidade alguma; muitos pais nunca dependeram dos recursos divinos que os auxiliariam a exercer uma boa paternidade, e acabaram fazendo um péssimo trabalho na criação dos filhos. Por isso, não faz sentido nem me exaltar nem mesmo me diminuir ou depreciar.

NÃO PENSAR AQUÉM DO QUE CONVÉM

Assim, rapidamente, após tudo isso passar por minha mente, ele terminou, e eu respondi: "Filho, eu recebo sua gratidão, pois fui um bom pai. Com certeza, não fui perfeito, apesar de ter dado o meu melhor. Porém, sem a ajuda do Alto, eu teria fracassado logo no começo. Então, darei a Deus a glória por ter me ajudado e dirigido no processo, e ficarei com o encorajamento e reconhecimento das suas palavras".

Certamente não vou, depois de uma vida inteira de dedicação como pai, apenas negar os elogios e deixar de recebê-los. Aliás, é honesto e sábio reconhecer que muitos desses acertos aconteceram por causa da direção de Deus, da instrução da Palavra e da orientação do Espírito Santo. Diversos momentos daqueles pelos quais meu filho me agradeceu foram intervenções inspiradas pelo Espírito. O Senhor falou ao meu coração naquelas ocasiões, e preciso reconhecer a Sua bondade ao mesmo tempo em que compreendo que, se eu não tivesse obedecido e correspondido a Deus, também não teria chegado lá. E ao perceber que a minha obediência ao Senhor também cooperou para que eu pudesse ter sido um bom pai, entendi que meu filho também tinha parte naquilo que eu fizera por ele. Foi por esse motivo que completei lhe dizendo: "Por outro lado, meu filho, nada disso teria adiantado se você não tivesse o coração e as atitudes que decidiu ter". Aproveitei o momento para elogiá-lo e também demostrar reconhecimento pelas atitudes dele. Isso lhe fez bem.

Agora, da mesma maneira, no âmbito ministerial, não podemos ignorar que o próprio Deus trabalha com reconhecimento e elogio. Afinal, que outro significado a frase "servo bom e fiel" teria? A Bíblia diz que o Senhor nos recompensará pelas nossas obras. Então, se o próprio Deus elogia, como podemos afirmar que é errado elogiar e ser elogiado? A grande questão é como lidamos com os louvores que recebemos.

No Evangelho de João, é interessante notar que o apóstolo se intitula como o "discípulo amado". Ele era uma pessoa resolvida e segura, que entendia o lugar que ocupava no coração do Senhor.

CAPÍTULO 7

João não disse que era o único, mas falou de si como sendo o discípulo amado. Ele conseguiu entender o amor, o carinho, o espaço que Jesus lhe dera, e correspondeu aumentando sua intimidade com o Senhor. No entanto, não podemos nos esquecer de que, ao receber encorajamento e louvores, devemos transferir a glória para Ele. Se ficarmos com a glória que é de Deus, traremos problemas para a nossa vida.

Quando Daniel foi introduzido na presença de Nabucodonosor e foi questionado se poderia revelar o sonho do rei e a sua interpretação, respondeu: "[...] O mistério que o rei exige, nem sábios, nem magos nem encantadores o podem revelar. Mas há um Deus no céu, que revela os mistérios, pois fez saber ao rei Nabucodonosor o que vai acontecer nos últimos dias [...]" (Daniel 2.27-28). Antes de afirmar que poderia revelar o sonho, Daniel esclareceu que seria apenas um instrumento do Deus Altíssimo — o único que tinha o poder de revelar sonhos. Isso é transferir a glória a quem é devida.

Em contrapartida, isso não quer dizer que Daniel não poderia ser elogiado por nada. Interpretar sonhos e enigmas não era uma habilidade dele; era algo que provinha do Senhor, por isso o profeta não poderia receber nenhum mérito. Mas sobre a conduta desse homem de Deus, a própria Escritura o elogia:

> Dario decidiu constituir **cento e vinte sátrapas**, para que administrassem todo o seu reino. **Sobre eles colocou três presidentes, dos quais Daniel era um**, aos quais esses sátrapas deveriam prestar contas, para que o rei não tivesse nenhum prejuízo. Então o mesmo Daniel **se destacou entre os demais** presidentes e sátrapas, **porque nele havia um espírito excelente**. (Daniel 6.1-3 – grifo do autor)

A Bíblia discorre sobre a excelência e empenho de Daniel, que tinham origem não apenas no seu coração, vida de oração, de temor a Deus e de obediência, mas também em sua dedicação ao Senhor. Reconhecemos a mão de Deus sobre a vida de Daniel, mas ele, por sua vez, precisou interagir com o Senhor.

Os seus três amigos também tiveram destaque na Babilônia, mas nenhum deles alcançou a posição de Daniel. Além disso, não acredito que esses quatro fossem os únicos fiéis ao Senhor entre os cativos de Judá; então ainda é valido ressaltar que nem um outro judeu levado cativo alcançou a proeminência de Sadraque, Mesaque e Abede-Nego, que não lograram a mesma projeção e reconhecimento que Daniel teve.

De alguma forma, embora houvesse a atuação divina na vida de todos eles, há que se destacar, também, o nível de resposta que cada um deu ao Senhor e as consequências desses graus distintos de entrega.

Não podemos nos esquecer de que como o homem pensa de si mesmo, assim ele é. Quando olhamos para as nossas realizações, devemos ter o mesmo olhar de Davi: "O Senhor adestra as minhas mãos, e me faz saltar as muralhas" (Salmos 18.29); em outras palavras, é preciso reconhecer: "sozinho, eu não conseguiria vencer". Mas também há outro aspecto igualmente importante: o entendimento da nossa **cooperação** com Deus. Não foi o Senhor quem derrubou o inimigo sozinho, Ele não pulou a muralha... Foi Davi quem o fez!

Logo no início do meu ministério, ouvi a declaração impressionante de um homem de Deus que fora responsável por um avivamento em seu país, embora se tratasse de um bem pequeno, em comparação à maioria dos países. Aquele homem foi um marco na história da igreja em sua nação. Ele questionou o grupo de líderes, do qual eu fazia parte, a quem ele ministrava: "Alguém se arrisca dizer qual foi o segredo do avivamento no meu país?". Uma pessoa ergueu a mão e respondeu: "Deus". E o homem retrucou: "Deus, coisa nenhuma! O Senhor estava no meu país o tempo todo e nunca houve um avivamento enquanto só Ele estava lá. Fomos nós, Deus e **eu**, que fizemos a diferença. Se eu não tivesse correspondido a Ele, o Senhor ainda estaria esperando alguém aparecer para fazer alguma coisa por lá".

Se a intenção era chocar, garanto que ele conseguiu. Mas também nos fez pensar. Ele não estava afirmando que fora ele sozinho; isso seria tanto orgulho, como independência e vanglória — todos os erros de conduta que condenamos no capítulo anterior. O que aquele pregador estava reconhecendo é que ele correspondera a Deus, e fora um canal para que o avivamento pudesse acontecer. Moral da história: é possível transferir a glória a Deus sem precisarmos nos rebaixar nem diminuir a atitude que tivemos ao cooperar com o Senhor e ser um canal para que Ele pudesse agir.

Encerro enfatizando que não pensar nem aquém nem além do que convém é um princípio básico da Palavra de Deus que não devemos ignorar. Além de ser classificada como incredulidade, a inferioridade é a incapacidade de termos a visão correta que Deus tem a nosso respeito, de enxergar a identidade que Ele mesmo estabeleceu.

Que o entendimento de quem somos e a nossa responsabilidade de interagir com o Senhor nos ajudem a ir mais longe e cooperar com Ele, para que, assim, possamos viver a plenitude do Seu propósito.

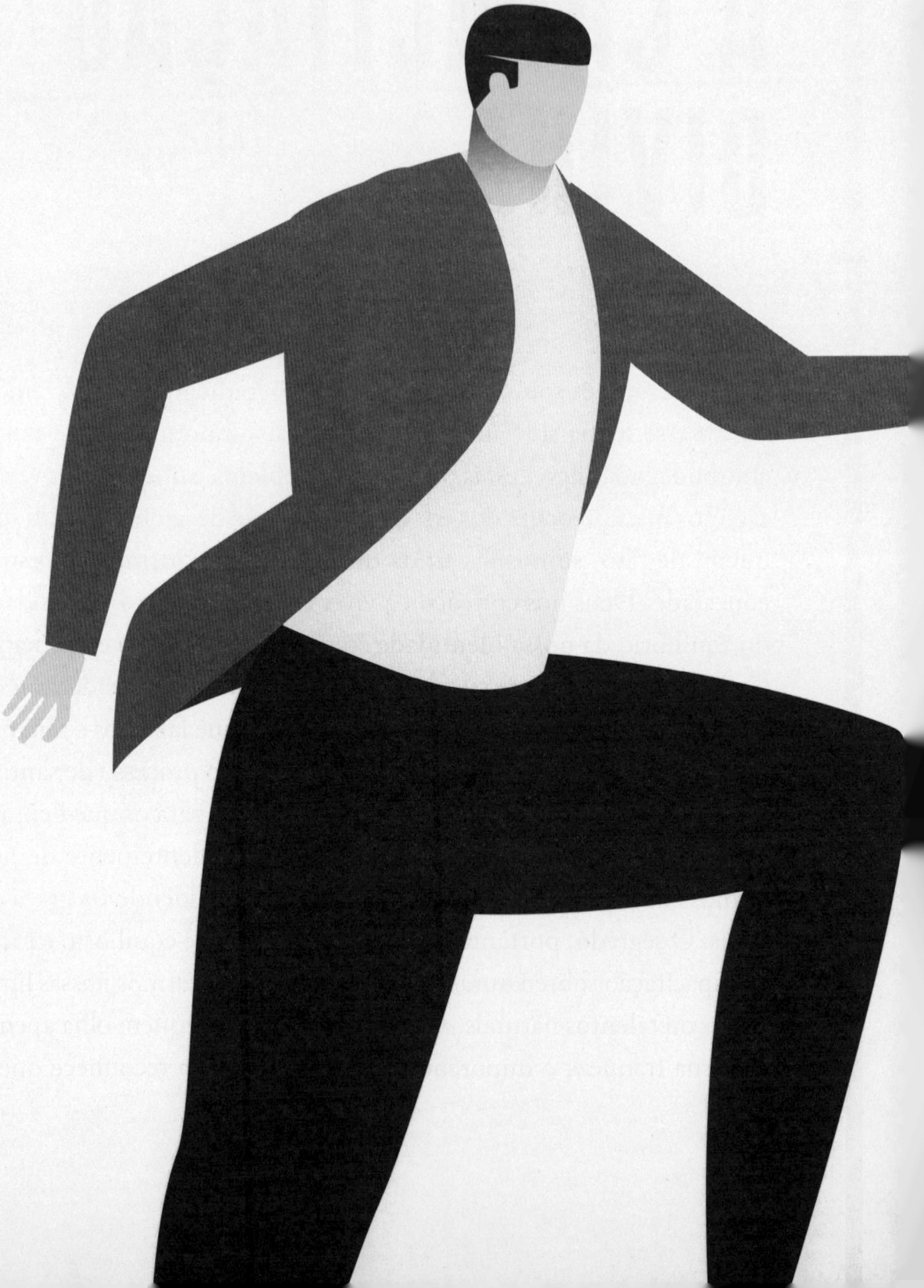

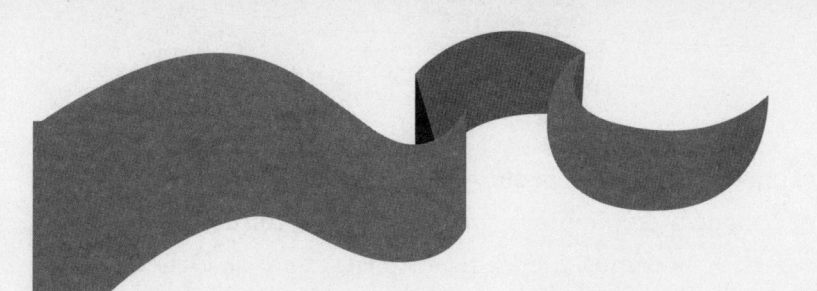

Capítulo 8

A CAPACITAÇÃO DIVINA

Saber quem somos em Deus afeta diretamente o que fazemos. Talvez esse tenha sido um dos pontos mais importantes que tentei consolidar ao longo destas páginas. O problema é que, muitas vezes, estamos mais preocupados em descobrir o que devemos fazer do que quem, de fato, somos — ainda que, de alguma forma, isso esteja conectado. Deus nos convocou a viver e compreender a necessidade do equilíbrio da nossa identidade com o nosso trabalho e chamado. Contudo, nesse processo de descoberta, é essencial não perdermos de vista que, ainda que tenhamos habilidade no que fazemos e sejamos boas pessoas, jamais deixaremos de necessitar do processo de santificação e da capacitação celestial. E o mesmo vale para os que pensam o oposto também. Digo isso, porque, independentemente de nos termos em alta conta ou não, continuamos dependendo da graça de Deus. O segredo, portanto, está em encontrar esse equilíbrio e focar na capacitação sobrenatural em vez de supervalorizarmos nossas limitações ou talentos naturais. Afinal de contas, tanto quem olha apenas para sua fraqueza e impotência quanto quem não reconhece que a

CAPÍTULO 8

fonte de sua capacidade vem do Senhor acabam tropeçando e caindo no orgulho. Ninguém está imune a fraquezas ou é só formado por elas. Sozinhos nada podemos. Dependemos plenamente de Deus e dos recursos celestiais, que nos equipam para realizar a missão que nos é confiada. Apenas com isso em mente seremos capazes de não negligenciarmos o nosso chamado achando-nos incapazes, ou nos vangloriarmos de resultados como se pudéssemos, por nós mesmos, realizar alguma coisa.

Por isso, na construção desse entendimento de **revelação** e **realização**, que afeta tanto a nossa identidade como a nossa produtividade, é essencial dar destaque à capacitação divina. Embora já tenha abordado o assunto em termos genéricos, concluo, neste último capítulo, com uma visão ampliada dos recursos divinos que estão à nossa disposição.

Paulo, escrevendo aos coríntios, mencionou que não necessitava recomendar a si mesmo, tampouco precisava de uma carta de recomendação da parte de alguém, como alguns tinham o hábito de fazer (cf. 2 Coríntios 3.1). Então, aplicou o seguinte argumento:

> Vocês são a nossa carta, escrita em nosso coração, conhecida e lida por todos. Vocês manifestam que são carta de Cristo, **produzida pelo nosso ministério**, escrita não com tinta, mas com o Espírito do Deus vivo, não em tábuas de pedra, mas em tábuas de carne, isto é, nos corações. E é por meio de Cristo que temos tal confiança em Deus. **Não que, por nós mesmos, sejamos capazes** de pensar alguma coisa, como se partisse de nós; pelo contrário, **a nossa capacidade vem de Deus**, o qual **nos capacitou para sermos ministros de uma nova aliança**, não da letra, mas do Espírito; porque a letra mata, mas o Espírito vivifica. (2 Coríntios 3.2-6 – grifo do autor)

Ao mencionar a própria igreja de Corinto como sua "carta de recomendação", o apóstolo apontava para os resultados do seu ministério. Ele não atribuiu tais resultados ao seu esforço ou a habilidade

A CAPACITAÇÃO DIVINA

humana; pelo contrário, reconheceu que essa carta foi "escrita não com tinta, mas com o Espírito do Deus vivo". O apóstolo destacou sua "confiança em Deus" antes de admitir que não carregava nenhuma aptidão ou talento natural e, então, apontou na direção da sua fonte de qualificação ao declarar: "Não que nos consideremos capazes de fazer qualquer coisa por conta própria; nossa capacitação vem de Deus" (2 Coríntios 3.5 – NVT). Assim como Paulo, precisamos reconhecer a capacitação divina!

Na versão Almeida Revista e Atualizada, encontramos a seguinte expressão: "[...] a nossa suficiência vem de Deus, o qual nos habilitou para sermos ministros de uma nova aliança [...]" (2 Coríntios 3.5-6 – ARA). A palavra grega empregada nos manuscritos originais e traduzida como "suficiência" é *hikanotes* (ικανοτης), e seu significado é "suficiente, habilidade ou competência para fazer algo". A palavra traduzida como "habilitou" é *hikanoo* (ικανοω), e quer dizer: "tornar suficiente, tornar adequado, equipar alguém, tornando-o apto para realizar os seus deveres".[1] É desse termo que a primeira, hikanotes, deriva-se. Portanto, ampliando o significado da palavra empregada pelo apóstolo, podemos dizer que "Deus nos tornou habilitados, adequados e capazes, pelo fato de nos ter equipado, tornando-nos aptos e competentes para realizar os deveres que nos confiou".

Era a respeito dessa capacitação que o Todo Poderoso se referia quando confrontou Moisés e suas desculpas no episódio da sarça ardente: "Agora vá, e eu serei com a sua boca e lhe ensinarei o que você deve falar" (Êxodo 4.12). A mesma situação se deu quando o Senhor prometeu a Jeremias: "[...] Eis que ponho as minhas palavras na sua boca" (Jeremias 1.9). O Altíssimo nunca enviou ninguém sem disponibilizar recursos sobrenaturais. Isso quer dizer que o Deus que nos chama é o mesmo que também nos capacita para cumprir o nosso chamado.

---

[1] STRONG, James. **New Strong's exhaustive concordance of the Bible**. Nashville: Thomas Nelson Publishers, 1990.

Como atestei anteriormente, Paulo carregava essa consciência da capacitação divina. É por esse motivo que também vemos o apóstolo atribuir seus extraordinários resultados ministeriais à graça divina: "Mas, pela graça de Deus, sou o que sou. E a sua graça, que me foi concedida, não se tornou vã. Pelo contrário, trabalhei muito mais do que todos eles; todavia, não eu, mas a graça de Deus comigo" (1 Coríntios 15.10).

COMPREENDENDO A GRAÇA

Acredito que muitos cristãos ainda não se aprofundaram no entendimento do que é a graça de Deus. Precisamos dela para tudo, do início ao fim da jornada cristã. Aliás, vale lembrar que Cristo afirmou: "[...] sem mim nada podeis fazer" (João 15.5 – ARA). Seria muito contraditório ao ensino de nosso Senhor deduzir que, após o Novo Nascimento, não mais necessitaríamos da Sua graça.

Parece-me que alguns concluíram que só precisavam da graça para a sua conversão. Entretanto, constatamos nas Escrituras que a capacitação divina é para todos os aspectos da vida cristã. Essa me parece ser a razão pela qual o crente necessita de graça progressiva. Pedro afirmou sobre esta sendo multiplicada (cf. 1 Pedro 1.2) e instruiu acerca da necessidade de se crescer nela (cf. 2 Pedro 3.18). Paulo também afirmou aos coríntios que a graça se multiplica (cf. 2 Coríntios 4.15) e orientou Timóteo a fortificar-se nela (cf. 2 Timóteo 2.1).

A graça é necessária para suportarmos adversidades, como o Altíssimo declarou a Paulo: "[...] a minha graça te basta [...]" (2 Coríntios 12.9). A palavra grega traduzida nesse versículo como "basta" é *arkeo* (αρκεω) e seu significado é "estar possuído de força infalível, ser forte, ser adequado, ser suficiente, defender, repelir, estar satisfeito, estar contente".[2] A Nova Versão Internacional empregou a expressão: "Minha

---

[2] *Ibid.*

graça é suficiente para você", enquanto a Nova Versão Transformadora optou por: "Minha graça é tudo de que você precisa".

Ela também é vista nas Escrituras como capacitação para a obra do **ministério**, embora não se limite a isto. Paulo mencionou aos crentes de Éfeso sobre a "[...] dispensação da graça de Deus a mim confiada em favor de vocês" (Efésios 3.2). Na sequência, admitiu: "[...] fui constituído ministro conforme o dom da graça de Deus a mim concedida segundo a força operante do seu poder" (Efésios 3.7) e ainda declarou que lhe foi dada a "[...] graça de pregar aos gentios o evangelho das insondáveis riquezas de Cristo" (Efésios 3.8). Também afirmou que "[...] a graça foi concedida a cada um de nós segundo a proporção do dom de Cristo" (Efésios 4.7); e o contexto relaciona tal afirmação aos dons ministeriais, apresentados nos versículos seguintes (cf. Efésios 4.8-11).

Semelhantemente, os dons que recebemos de Deus são uma manifestação da Sua graça: "temos, porém, diferentes dons segundo a graça que nos foi dada [...]" (Romanos 12.6). Hebreus mostra que, por meio dela, podemos **servir** a Deus de modo agradável (cf. Hebreus 12.28). Pedro escreveu: "Servi uns aos outros, cada um conforme o dom que recebeu, como bons despenseiros da multiforme graça de Deus" (1 Pedro 4.10 – ARA). Tais palavras indicam que os dons que nos são dados para servir aos outros procedem da graça.

A Bíblia aponta que Paulo e Barnabé, depois de concluírem sua viagem missionária, "[...] navegaram para Antioquia, onde tinham sido recomendados à graça de Deus para a obra que agora tinham terminado" (Atos 14.26). A palavra traduzida como "recomendados", nos originais, é *paradidomi* (παραδιδωμι) e quer dizer, basicamente: "entregar nas mãos de outro".[3] Porém, também carrega a ideia de: "transferir para a esfera de poder ou uso; entregar a alguém algo para guardar, usar, cuidar, lidar; entregar alguém a

---

[3] *Ibid.*

custódia; entregar alguém para ser ensinado, moldado; confiar, recomendar". Dessa maneira, qual a mensagem aqui apresentada? Que os líderes de Antioquia, quando impuseram as mãos sobre Barnabé e Paulo, orando com eles (cf. Atos 13.3), os "entregaram nas mãos da graça divina" e os "transferiram para a esfera de poder da graça de Deus". Esse ato se repetiu em uma nova viagem missionária: "Mas Paulo, tendo escolhido Silas, partiu, encomendado pelos irmãos à graça do Senhor. E passou pela Síria e Cilícia, fortalecendo as igrejas" (Atos 15.40-41). Paulo também agiu assim com os presbíteros de Éfeso (cf. Atos 20.32).

O ministério deve ser realizado sob a manifestação da graça e seus resultados sempre estarão atrelados a ela. "Estêvão, **cheio de graça** e de poder, fazia prodígios e grandes sinais entre o povo" (Atos 6.8 – grifo do autor). Quando um anjo do Senhor apareceu a Paulo, naquele navio que se dirigia a Roma e acabaria naufragando em Malta, disse-lhe: "[...] eis que Deus, por sua graça, lhe deu todos os que navegam com você" (Atos 27.24). O apóstolo dos gentios, escrevendo aos coríntios, reconheceu como exerceu seu ministério entre eles: "segundo a graça de Deus que me foi dada, lancei o fundamento como sábio construtor [...]" (1 Coríntios 3.10).

Ela, normalmente definida como favor imerecido, também deve ser vista como capacitação imerecida. É por causa da misericórdia divina, e não dos nossos méritos, que somos capacitados e equipados com o favor divino para realizar aquilo que, por nós mesmos, jamais poderíamos executar.

Compreendidas essas verdades fundamentais sobre o exercício do ministério, sob a capacitação da graça de Deus, quero tratar, de modo mais específico, de uma das expressões dessa força divina que nos habilita para o cumprimento da missão que nos é confiada: a unção do Espírito Santo.

A CAPACITAÇÃO DIVINA

COMPREENDENDO A UNÇÃO

As palavras "Messias" [do hebraico] e "Cristo" [do grego] significam, igualmente, "ungido". Quando Jesus, depois do batismo no Jordão — em que foi cheio do Espírito Santo — e dos 40 dias de jejum no deserto, regressa à Galileia, Ele o faz no poder do Espírito (cf. Lucas 4.14). Foi nesse momento que o Mestre fez uma das mais importantes declarações sobre o Seu ministério:

> Jesus foi para Nazaré, onde havia sido criado. Num sábado, entrou na sinagoga, segundo o seu costume, e levantou-se para ler. Então lhe deram o livro do profeta Isaías. E, abrindo o livro, achou o lugar onde está escrito: "O Espírito do Senhor está sobre mim, porque ele **me ungiu para** evangelizar os pobres; enviou-me para proclamar libertação aos cativos e restauração da vista aos cegos, para pôr em liberdade os oprimidos, e proclamar o ano aceitável do Senhor." Tendo fechado o livro, Jesus o devolveu ao assistente e sentou-se. Todos na sinagoga tinham os olhos fixos nele. Então Jesus começou a dizer: — Hoje se cumpriu a Escritura que vocês acabam de ouvir. (Lucas 4.16-21 – grifo do autor)

O que significava ser ungido? Não se tratava de um conceito novo. No Antigo Testamento, lemos sobre pessoas sendo ungidas [que era o ato de derramar óleo sobre a cabeça] para três tipos distintos de serviço: sacerdote, rei e profeta. O óleo era apenas um símbolo da ação do Espírito Santo. Ser ungido, portanto, era receber a capacitação divina para o cumprimento de um propósito.

Alguns acreditam, de forma equivocada, que Jesus exerceu Seu ministério totalmente como Deus, em vez de homem. Por isso, creditam Seus milagres ao uso do atributo divino da onipotência. Entretanto, não podemos ignorar que as Escrituras atestam que Jesus "[...] mesmo existindo na forma de Deus, não considerou o ser igual a Deus algo que deveria ser retido a qualquer custo. Pelo contrário,

CAPÍTULO 8

ele se esvaziou, assumindo a forma de servo, tornando-se semelhante aos seres humanos [...]" (Filipenses 2.6-7). Pedro testificou acerca de Cristo: "[...] Deus ungiu a Jesus de Nazaré com o Espírito Santo e com poder. Jesus andou por toda parte, fazendo o bem e curando todos os oprimidos do diabo, porque Deus estava com ele" (Atos 10.38). A expressão: "porque Deus estava com ele", em vez de "porque ele era Deus", deixa bem clara a Sua posição como homem. Jesus não usou o atributo da **onipotência**, Ele foi ungido com o poder divino. Da mesma maneira, Cristo também não usou a **onipresença** — outro atributo exclusivo da Deidade —, pois estava limitado a um corpo e ia a um lugar de cada vez.

Se Jesus tivesse exercido o Seu ministério como Deus, não faria o menor sentido afirmar o que Ele afirmou: "Em verdade, em verdade lhes digo que aquele que crê em mim fará também as obras que eu faço e outras maiores fará, porque eu vou para junto do Pai" (João 14.12). Se Ele tivesse realizado o Seu ministério como Deus, e não como homem, como seria possível fazer as mesmas obras que Ele fez? E o que dizer das obras maiores?

Observe o que nosso Senhor disse aos apóstolos: "[...] Assim como o Pai me enviou, eu também envio vocês" (João 20.21). A expressão "assim como" significa "do mesmo jeito, da mesma maneira". Se o Pai tivesse enviado Jesus como Deus, não seria possível nos enviar da mesma forma. Mas porque Cristo foi enviado como homem, ungido pelo Espírito Santo, nós também podemos ser igualmente enviados. Então, logo depois, Jesus afirmou que enviaria Seus discípulos como Ele, semelhantemente, fora enviado: "E, havendo dito isso, soprou sobre eles e disse-lhes: — Recebam o Espírito Santo" (João 20.22). Cristo foi enviado com os recursos procedentes da capacitação da unção do Espírito Santo. E nós somos enviados da mesma maneira! Também temos, à nossa disposição, a unção do Espírito. O Senhor prometeu nos levar além das nossas habilidades humanas e naturais. Em Mateus 10.18-20, temos esta declaração do Senhor Jesus:

A CAPACITAÇÃO DIVINA

> Por minha causa vocês serão levados à presença de governadores e de reis, para lhes servir de testemunho, a eles e aos gentios. E, quando entregarem vocês, **não se preocupem quanto a como ou o que irão falar**, porque, naquela hora, **lhes será concedido o que vocês dirão**. Afinal, **não são vocês que estão falando, mas o Espírito do Pai de vocês é quem fala por meio de vocês**. (Mateus 10.18-20 – grifo do autor)

Naqueles tempos, quando alguém se apresentava perante um rei ou governante, não podia falar de qualquer jeito. Por isso, quando foram formalizar acusação contra Paulo perante Félix, governador romano, os judeus levaram um orador (cf. Atos 24.1). O império grego, que antecedeu o romano, disseminou no mundo da época os conceitos da retórica — o discurso bem elaborado. Com isso, protocolos específicos foram estabelecidos sobre a forma correta de se falar com os governantes. Se levamos isso em conta, a proposta de Jesus aos Seus discípulos, a respeito de testemunharem perante governadores e reis, mostrava-se assustadora.

Foi justamente por isso que Cristo asseverou "[...] não se preocupem quanto a como ou o que irão falar [...]" (Mateus 10.19). Qual a razão de não se atemorizar diante de tal desafio? Tratava-se da mesma simples verdade que venho repetindo ao longo deste livro: o ministério não é executado com a capacidade humana, natural, e sim com a habilidade divina, sobrenatural. Depois de orientar a não se preocuparem com o que dizer diante dos governantes, nosso Senhor garantiu: "lhes será concedido o que vocês dirão". Será concedido por quem? Essa resposta também vem incluída na instrução de Jesus: "afinal, não são vocês que estão falando, mas o Espírito do Pai de vocês é quem fala por meio de vocês". Ou seja, a promessa era de que quando enfrentamos situações como essa, não precisamos nos preocupar nem com a ética, nem com o protocolo, pois, o Senhor falará por nós.

Dentro disso, precisamos entender o que é essa capacitação do Alto. Trata-se de Deus nos habilitando a fazer aquilo que, sozinhos,

> Parece-me que alguns concluíram que só precisavam da graça para a sua conversão. Entretanto, constatamos, nas Escrituras, que a capacitação divina é para todos os aspectos da vida cristã.

por nós mesmos, não faríamos. Esse entendimento da unção como capacitação — uma expressão da graça divina — é algo revolucionário na vida de qualquer pessoa. Se olharmos apenas para a nossa condição, ficaremos presos em um senso de incapacidade; é por isso que alguns, diante do chamado divino, argumentam: "Eu não sou nada; não sou ninguém".

O Senhor, como já mencionei, quer que reconheçamos as nossas fraquezas; não para nos desqualificar, e sim para que dependamos d'Ele. Contudo, enquanto Deus quer que vejamos nossas fraquezas, também quer que entendamos o que podemos fazer em parceria com Ele. O Senhor não quer apenas que paremos de dar desculpas que ressaltem nossa limitação, mas que também acreditemos que Ele nos capacitará para fazer a Sua obra.

Precisamos compreender a fraqueza, que, por um lado, faz-nos depender de Deus e nos permite ser trabalhados por Ele, e, por outro, a força da operação divina nessa fraqueza. A percepção correta da nossa identidade não nos levará ao orgulho nem à mediocridade, mas ao entendimento de que a graça é tão intensa, que tudo o que somos tem a ver com a nova realidade e a capacitação que vem do Alto. Acredito que essa compreensão é uma chave que nos destravará para realizar a obra de Deus. Jesus disse para não nos preocuparmos, porque nada depende de nós nem da nossa habilidade, afinal é o Espírito de Deus quem nos capacita. Essa foi a razão de Cristo orientar Seus discípulos a não iniciarem o ministério antes do revestimento de poder do Espírito Santo:

> E disse-lhes: — Assim está escrito que o Cristo tinha de sofrer, ressuscitar dentre os mortos no terceiro dia, e que em seu nome se pregasse arrependimento para remissão de pecados a todas as nações, começando em Jerusalém. Vocês são testemunhas destas coisas. Eis que envio sobre vocês a promessa de meu Pai; permaneçam, pois, na cidade, **até que vocês sejam revestidos do poder que vem do alto.** (Lucas 24.46-49 – grifo do autor)

Sem a unção do Senhor não podemos nada. Sem a capacitação divina, somos inúteis. No entanto, depois de sermos revestidos pelo Espírito, o Senhor nos confia o destino do Reino. Se Ele acredita em nós, a ponto de confiar o futuro do seu Reino em nossas mãos, devemos também crer que Ele é quem nos capacitará.

Quando pensamos que não podemos ser usados por Deus, é como se disséssemos ao Senhor que Ele não sabe nem escolher nem equipar a quem escolhe. Temos de entender que Deus acredita em nós. É evidente que não falo da nossa limitação humana em si, e sim daquilo que podemos quando nos rendemos aos recursos divinos. Carregar essa consciência de que o Criador acredita em nós é muito inspirador.

DOIS TIPOS DE UNÇÃO

A Bíblia apresenta dois níveis distintos — e complementares — de unção: a **externa** e a **interna**. A unção externa é aquela em que o Espírito Santo vem **sobre** alguém: "O Espírito do Senhor está sobre mim, porque ele me ungiu [...]" (Lucas 4.18). A palavra "ungiu" vem conectada à expressão "o Espírito do Senhor está **sobre** mim". A unção interna, em contrapartida, é aquela em que o Espírito Santo age **dentro** de alguém: "Quanto a vocês, a unção que receberam dele permanece **em** vocês" (1 João 2.27 – grifo do autor). Cada uma delas tem um propósito diferente, mas tanto uma quanto a outra são aspectos da mesma provisão capacitadora.

A unção externa é a capacitação divina para que o homem cumpra o ministério. O texto de Isaías que Jesus leu e aplicou a Si aponta o motivo da unção: "[...] ele me **ungiu para** evangelizar os pobres; enviou-me **para** proclamar libertação aos cativos e restauração da vista aos cegos, para pôr em liberdade os oprimidos, e proclamar o ano aceitável do Senhor" (Lucas 4.18-19 – grifo do autor). O indicativo de propósito é claro: "ungiu para". A instrução que Jesus deu aos Seus discípulos, posteriormente, concorda com isto:

"Mas vocês receberão poder, ao descer **sobre** vocês o Espírito Santo, e serão minhas testemunhas tanto em Jerusalém como em toda a Judeia e Samaria e até os confins da terra" (Atos 1.8 – grifo do autor). Quando há uma menção da unção externa, do Espírito Santo vindo sobre nós, o foco é aquilo que seremos levados a liberar às pessoas da parte de Deus. Tem a ver com a execução das tarefas ministeriais.

Já a unção interna está relacionada com aquilo que Deus faz **em** [e por] nós. Depois de o apóstolo João mencionar a unção que permanece em nós, ele acrescentou: "[...] e não precisam que alguém os ensine. Mas, como a unção dele os ensina a respeito de todas as coisas, e é verdadeira, e não é falsa, permaneçam nele, como também ela ensinou a vocês" (1 João 2.27). Diferentemente da unção externa, em que Cristo menciona que foi ungido para pregar e proclamar, a interna tem a ver com aquilo que Deus deseja nos ensinar, não o que nós poderíamos ensinar aos outros. Isso quer dizer que a unção interna tem relação com o nosso crescimento e desenvolvimento.

Esse é outro aspecto da capacitação que necessitamos. O fato de que o Senhor trará recursos sobrenaturais para a execução de determinadas tarefas, como o Espírito de nosso Pai falando por nosso intermédio (cf. Mateus 10.20), não significa que não precisamos de amadurecimento. Paulo, ao abordar os cinco ministérios, destaca a importância do aprimoramento dos que fazem a obra de Deus: "E ele mesmo concedeu uns para apóstolos, outros para profetas, outros para evangelistas e outros para pastores e mestres, **com vistas ao aperfeiçoamento dos santos** para o desempenho do seu serviço, para a edificação do corpo de Cristo" (Efésios 4.11-12 – grifo do autor).

Nós, os santos, precisamos ser aperfeiçoados, porque ainda não somos tudo o que poderíamos ser, estamos em desenvolvimento. Deus não chama ninguém esperando encontrar perfeição, até porque Ele sabe muito bem que nenhum de nós estaria à altura desse tipo de expectativa. Foi por conta disso que Gideão pensou que morreria ao ver o Anjo do Senhor, e se espantou ao receber do Senhor a missão

CAPÍTULO 8

de libertar a nação de Israel. Pedro também percebeu quão pecador era, mas Jesus afirmou que faria dele pescador de homens. Com o profeta Isaías não foi diferente; mesmo quando enxergou a sua própria miséria, recebeu o toque santificador e ainda ouviu o Altíssimo declarando que o enviaria.

Sendo assim, o processo de capacitação para a execução da obra de Deus, por meio da unção do Espírito, tem dois aspectos distintos: em um somos aperfeiçoados e em outro somos equipados para o cumprimento do propósito. Ambos se complementam e juntos compõem os recursos que necessitamos.

A DIREÇÃO DO ESPÍRITO SANTO

Além de auxiliar nosso desenvolvimento e equipar-nos para fazer a obra de Deus, que são os resultados dos dois níveis de unção, ainda podemos contar com mais um recurso da obra do Espírito Santo, que não deixa de se enquadrar na capacitação do Alto: a direção do Espírito. Está escrito: "Pois todos os que são guiados pelo Espírito de Deus são filhos de Deus" (Romanos 8.14).

Que privilégio podermos ser guiados pelo Espírito Santo! Além da Sua ação aperfeiçoadora em nosso íntimo, e de prover-nos com as ferramentas para a execução do ministério, ainda podemos contar com Sua liderança. Na unção interna, o Espírito Santo nos ajuda em nosso desenvolvimento, na externa, Ele nos dá as condições de execução das atividades que fomos comissionados a cumprir e, por meio de Sua liderança, somos auxiliados a ter acuracidade, precisão, a respeito do quê, onde e quando fazer.

Um bom exemplo a ser considerado é o das viagens missionárias de Paulo. O apóstolo, antes mesmo da primeira viagem, já tinha a **unção interna**, aquela que, escrevendo aos efésios, ele classificou como ser "[...] fortalecidos com poder, mediante o seu Espírito, no íntimo de cada um" (Efésios 3.16). Ele ainda experimentou a **unção**

A CAPACITAÇÃO DIVINA

externa quando, ainda na primeira viagem, ao pregar ao procônsul Sérgio Paulo, resistiu a Elimas, o mágico, e viu o poder do Espírito Santo se manifestando de forma singular (cf. Atos 13.6-12), e ao curar um paralítico em Listra (cf. Atos 14.8-10).

Porém, a direção do Espírito (cf. Atos 13.2) foi crucial para o projeto todo que fariam. Aliás, em sua segunda viagem, o apóstolo experimentou um direcionamento do Espírito de Deus, sem o qual o propósito divino não teria se cumprido, mesmo com a presença da unção interna e externa. Na primeira viagem missionária, Barnabé e Paulo escolheram uma rota de cidades estratégicas para pregar. Na segunda viagem, Paulo, seguindo a lógica de focar em cidades estratégicas e regiões não alcançadas, decidiu entrar na Ásia; foi nesse momento que a direção do Espírito Santo fez toda a diferença:

> E percorreram a região frígio-gálata, **tendo sido impedidos pelo Espírito Santo** de pregar a palavra na província da Ásia. Chegando perto de Mísia, tentaram ir para Bitínia, mas **o Espírito de Jesus não o permitiu**. E, tendo contornado Mísia, foram a Trôade. À noite, Paulo teve uma visão na qual um homem da Macedônia estava em pé e lhe rogava, dizendo: — Passe à Macedônia e ajude-nos. Assim que Paulo teve a visão, imediatamente procuramos partir para aquele destino, **concluindo que Deus nos havia chamado** para lhes anunciar o evangelho. (Atos 16.6-10 – grifo do autor)

O Senhor não permitiu que Paulo entrasse em dois lugares estratégicos. Não podemos dizer com certeza se o apóstolo tinha ou não algum tipo de percepção sobre Deus usá-lo na Ásia, que, futuramente, tornou-se um grande palco de seu ministério; entretanto, podemos deduzir que, no mínimo, ainda não era o tempo certo. Penso que por isso não lhe foi permitido entrar na Ásia nessa ocasião.

Não é extraordinário saber que há um Deus que não apenas nos capacita para anunciar o Evangelho como também deseja nos guiar para estar no lugar certo e na hora certa? A liderança do Espírito

Santo é parte dos recursos que nos foram disponibilizados para viver a plenitude do propósito divino: "Quando vier, porém, o Espírito da verdade, ele vos guiará a toda a verdade [...]" (João 16.13 – ARA).

O CONSOLO DO ESPÍRITO SANTO

Além de nos guiar a toda a verdade, o Espírito também provê consolo nas provas e dificuldades que enfrentamos. Essa particularidade deve ser adicionada à lista das ações capacitadoras que o Espírito de Deus disponibiliza. Ele trabalha o nosso íntimo, equipa-nos para a execução de tarefas, dirige-nos e ainda nos consola nas lutas que travamos.

Antes mesmo de as adversidades chegarem, Cristo já havia anunciado a provisão divina: "E eu pedirei ao Pai, e ele lhes dará outro **Consolador**, a fim de que esteja com vocês para sempre: é o Espírito da verdade, que o mundo não pode receber, porque não o vê, nem o conhece. Vocês o conhecem, porque ele habita com vocês e estará em vocês" (João 14.16-17 – grifo do autor).

Paulo enfatiza o Deus de toda consolação, reconhecendo que, mesmo enfrentando muita oposição para cumprir o propósito, sempre recebia de Deus a força e os recursos extraordinários para, não apenas executar a missão, mas para suportar todas as adversidades que enfrentaria no cumprimento dela:

> Bendito seja o Deus e Pai de nosso Senhor Jesus Cristo, o Pai de misericórdias e Deus de toda consolação! É ele que nos consola em toda a nossa tribulação, para que, pela consolação que nós mesmos recebemos de Deus, possamos consolar os que estiverem em qualquer espécie de tribulação. Porque, assim como transbordam sobre nós os sofrimentos de Cristo, assim também por meio de Cristo transborda o nosso consolo. Se somos atribulados, é para o consolo e a salvação de vocês; se somos consolados, é também para o consolo de vocês. Esse consolo se torna eficaz na medida em que vocês

suportam com paciência os mesmos sofrimentos que nós também suportamos. A nossa esperança em relação a vocês é sólida, sabendo que, assim como vocês são participantes dos sofrimentos, assim também serão participantes da consolação. Porque não queremos, irmãos, que vocês fiquem sem saber que tipo de tribulação nos sobreveio na província da Ásia. Foi algo acima das nossas forças, a ponto de perdermos a esperança até da própria vida. De fato, tivemos em nós mesmos a sentença de morte, para que não confiássemos em nós mesmos, e sim no Deus que ressuscita os mortos, o qual nos livrou e ainda livrará de tão grande morte. Nele temos esperado que ainda continuará a nos livrar, enquanto vocês nos ajudam com orações a nosso favor, para que, por muitos, sejam dadas graças a Deus a nosso respeito, pelo benefício que nos foi concedido por meio da súplica de muitos. (2 Coríntios 1.3-11)

Constatamos o cumprimento dessa promessa no âmbito individual e, também, coletivo: "Assim, a igreja tinha paz por toda a Judeia, Galileia e Samaria, edificando-se e caminhando no temor do Senhor; e, no **consolo do Espírito Santo**, crescia em número" (Atos 9.31 – grifo do autor). O texto retrata um tempo de perseguição que a igreja enfrentava, revelando que, na hora da oposição, eles desfrutavam não só da liderança como também do consolo do Espírito.

A primeira geração de discípulos de Cristo descobriu, logo cedo, o que era sofrer por causa do Evangelho. Eram perseguidos e presos e, mesmo assim, não recuavam: "Então chamaram os apóstolos e os açoitaram. E, ordenando-lhes que não falassem no nome de Jesus, os soltaram. E eles se retiraram do Sinédrio muito alegres por terem sido considerados dignos de sofrer afrontas por esse Nome. E todos os dias, no templo e de casa em casa, não cessavam de ensinar e de pregar que Jesus é o Cristo" (Atos 5.40-42). O segredo? Suas vidas eram empoderadas pelo Espírito Santo! Não só no instante em que realizavam uma tarefa, mas também nos momentos que suportavam a oposição.

CAPÍTULO 8

Que honra podermos contar continuamente com o Espírito Santo e entender que podemos usufruir de uma parceria fantástica com Ele. Muitas vezes, ao entrar em uma igreja para pregar ou ministrar, digo ao Espírito Santo: "O que vamos fazer juntos hoje?". Há uma empolgação em meu coração por saber que podemos agir em parceria com Deus e experimentar coisas que jamais poderíamos sem a ação do Espírito Santo.

Certa ocasião, fui pregar em uma igreja, e no final do culto, um homem se aproximou e me disse que era ateu. A minha vontade, naquele momento, era brincar e perguntar-lhe o que estava fazendo na igreja, mas ele se adiantou e disse: "Quando anunciaram que o senhor iria pregar a Palavra de Deus, debochei de você no meu coração. Mas, agora, estou aqui tentando entender o que aconteceu. Estou com a sensação de que você pegou a minha cara e a esfregou no chão". Então, logo respondi: "Nenhum homem, com um mero discurso, poderia produzir o que está acontecendo dentro de você. E eu sei que você sabe que eu não tenho a menor capacidade de produzir esse resultado". Foi quando ele me perguntou o que estava acontecendo dentro dele. Eu lhe disse que era o agir do Espírito Santo, que opera no coração das pessoas, e é Aquele que convence do pecado, da justiça e do juízo.

Obviamente, não saí de lá achando que eu era inteligente o suficiente para quebrar os argumentos de um indivíduo treinado no ateísmo. Deixei aquele lugar com a convicção fortalecida de que não estou fazendo a obra do ministério sozinho, pois a verdade é que tenho o auxílio de Quem pode fazer isso melhor do que ninguém.

Sinto-me privilegiado por desfrutar e testemunhar, ao longo de mais de três décadas, a respeito da ação do Espírito Santo convencendo, quebrantando e salvando pecadores, curando enfermos, libertando pessoas dos poderes demoníacos, restaurando famílias e sarando emoções feridas. Como posso não acreditar nessa parceria? E mesmo que não tivesse experimentado nenhum resultado, ainda estaria firme, buscando isso de forma determinada, porque é uma promessa divina, registrada nas Escrituras e, portanto, não falha.

Aceite o convite de conhecer a Deus e fazer proezas. Decida percorrer, com fé, essa jornada de revelação de Deus e de si mesmo. Descubra quem o Senhor é e qual é a sua (verdadeira) identidade n'Ele, e, dessa forma, aventure-se a conhecer e viver grandes feitos e realizações em parceria com o Espírito Santo.

Um novo tempo está por vir. Um avivamento tocará a nossa nação e a Terra. O exército de Deus será despertado e levantado para uma obra extraordinária antes que chegue o tempo do fim. Cada um de nós pode fazer parte disso e cooperar com o nosso Senhor para o estabelecimento de Seu Reino, certos de que a trilha a ser percorrida não mudou. A revelação ainda é — e sempre será — o caminho para a realização.